YJ 7260

LA FEMME D'INTRIGUES,

COMEDIE.

En 1692.

Par Monsieur DANCOURT.

Le prix est de 20. sols.

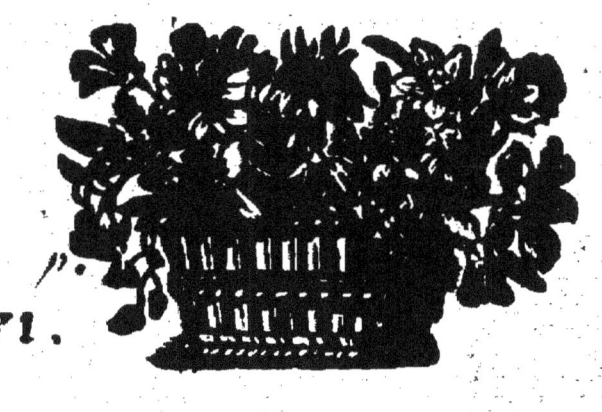

Y.5771.
A

A PARIS,

Chez PIERRE RIBOU, à la Descente du Pont Neuf, sur le Quay des grands Augustins, à l'Image S. Loüis.

M. DCC. X.

Avec Approbation, & Privilege du Roy.

ACTEURS.

MADAME THIBAUT, Femme d'Intrigues.
GABRILLON, ſa Servante.
LA BRIE, Couſin de Gabrillon.
LA RAME'E, Fourbe, ſous le nom de Cleante, ſon Capitaine.
JOLICOEUR, Soldat de Cleante.
LE MAISTRE A CHANTER.
LE MAISTRE A DANSER.
DORISE, Precieuſe.
ANGELIQUE, Fille déguiſée en homme.
LE JEUNE COMTE.
MADEMOISELLE GOGO.
CHAMPAGNE, Ami de la Ramée.
ERASTE, Officier.
ARAMINTE, pretenduë femme d'Eraſte.
LE CHEVALIER, Amant d'Araminte.
LE MARQUIS.
LE COCHER.
LEANDRE, Fils de Dorante.
DORANTE, Pere de Leandre.
MELINDE, Femme de Dorante.
MONSIEUR DU BOIS.
MONSIEUR DE LA PROTASE, Poëte.
ORGON.
ARDALISE, ſa Femme.
LISETTE, leur Servante.
LE PETIT DRAGON, Neveu de Gabrillon.
MAD. TORQUETE, Marchande de marée.
CASCARET, Laquais.

La Scene eſt à Paris.

LA FEMME D'INTRIGUES,
COMEDIE.

ACTE I.

SCENE PREMIERE.

LA BRIE, GABRILLON.

GABRILLON.

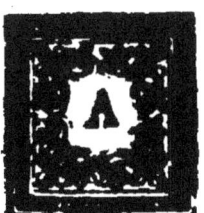H vous voila donc à la fin. Bonjour, Monsieur de la Brie.
LA BRIE.
Bonjour, Cousine : que me veut ta maîtresse ? On m'a dit à l'Auberge qu'elle avoit envoyé me chercher. La besogne donne-t-elle ? car elle ne m'employe que lors qu'il y a ici des affaires à tout rompre.

GABRILLON.
Les grands genies ne se mettent pas à tous les jours.
LA BRIE.
Ecoute, ne pense pas rire, tout homme qui travaille pour Madame Thibaut ne doit pas être un sot. Malepeste ! il se fait ici les plus belles affaires de Paris : voulez-vous des Charges, des Offices, des emplois ? on vous en fera voir de tous les échantillons. Estes-vous dans le goût de vous marier ? on vous y fournira des femmes de toutes tailles, de tous âges ; & si vous plaidez, vous y trouverez des Solliciteuses depuis une pistole jusqu'à trente : voilà ce qu'on appelle une bonne boutique ; il n'y a point ici de nenni. Mais mon zele l'emporte sur ma curiosité : dis-moy donc, qu'y a-t-il de nouveau ?
GABRILLON.
Bien des affaires, ma foy.
LA BRIE.
Et dis-moy donc vîte.
GABRILLON.
Elle se marie.
LA BRIE.
Elle se marie ! & contre qui ?
GABRILLON.
Contre un homme qui aura un jour plus de vingt-cinq mille livres de rentes. Il s'appelle Cleante : il est Capitaine d'Infanterie.
LA BRIE.
Gentilhomme ?
GABRILLON.
Belle demande ! il est Gascon : en vient-il d'autres de ce païs-là ?
LA BRIE.
Il est Gascon ?
GABRILLON.
Et ma maîtresse Normande.

LA BRIE.

Voila de quoy faire un bon haras. Le Gascon & le Normand sont dans le monde ce que le Singe & le Renard sont dans la Fable. Mais que tu es extravagante de croire...

GABRILLON.

Je te dis moy qu'il donne tête baissée tout au travers de la nôce, & que Madame Thibaut lui paroît un parti de douze mille livres de rente, & cela en attendant encore une succession de vingt mille écus.

LA BRIE.

Oh! l'affaire change bien de face.

GABRILLON.

Il ne sçait point qu'elle a demeuré au Marais; & il y a si peu qu'elle loge en ce quartier-ci, que personne ne s'est encore aperçû de la ruse que je vais t'apprendre. Ce logis a deux issuës. Par la petite porte elle est ce qu'elle a coûtume d'être, elle se mêle d'intrigues, fait des mariages, prête sur gages ; & par la porte cochere elle est veuve d'un Conseiller de Bretagne, qui depuis quelques jours est venu s'établir à Paris. Comme on lui donne à vendre des nipes de toutes parts, la magnificence des meubles, la richesse des pierreries, & l'abondance de vaisselle d'argent que le Capitaine voit dans ce logis, lui font paroître ma maîtresse un des meilleurs partis de la Robe.

LA BRIE.

La fine mouche! Eh dis-moy un peu, comment t'a-t-elle connuë ?

GABRILLON.

Par avanture. Ne connoissons-nous pas tout le monde par avanture, nous autres ?

LA BRIE.

Mais encore que veut-elle de mon petit ministere ?

GABRILLON.
Tu ne le sçais pas ?
LA BRIE.
Qui me l'auroit dit ?
GABRILLON.
On ne t'a donc pas donné sa lettre ?
LA BRIE.
Non vraiment ! on m'a dit simplement qu'elle vouloit me parler.
GABRILLON.
Comment diantre ! va vîte te la faire rendre, & reviens sur tes pas ; on pourroit la décacheter, & l'on y verroit trop le caractere de ma maîtresse, & le tien.
LA BRIE.
Tu as raison, cela me décrieroit à l'Auberge. De quoy diantre s'avise-t-elle de confier ces choses au papier ?
GABRILLON.
Ne perds point de temps en reflexions, & songe à reparer la faute qu'elle a faite.
LA BRIE.
Je ferai diligence ; ne te mets pas en peine.
GABRILLON.
Par où vas-tu ? sors par la grande porte, tu abregeras ton chemin de la moitié.
LA BRIE.
Fort bien.
GABRILLON.
Monsieur de la Brie est un tresor pour Madame Thibaut, & Madame Thibaut est un petit Perou pour Monsieur de la Brie, & je ne sçai pas comment ils pourroient se passer l'un de l'autre. La voici qui revient de la ville : quel équipage pour une femme qui couche en jouë un parti de cent mille écus !

SCENE II.

Me THIBAUT, GABRILLON.

Me THIBAUT.

Je n'en puis plus, donne-moy une chaise.

GABRILLON.

Vous vous tuez.

Me THIBEAUT *lui donnant ses coëffes.*

Oste-moy cela.

GABRILLON.

Vous voila toute en eau.

Me THIBAUT.

Porte ce paquet dans ma chambre. Prens garde à ce coulant, mets cette montre sur ma table, & sur tout ayes soin que ce colier ne s'égare point.

GABRILLON.

Mais où avez-vous donc dîné ? il est quatre heures.

Me THIBAUT

A peine ai-je eu seulement le loisir de manger un morceau chez une de mes amies.

GABRILLON.

Hé que ne quittez-vous ce gueux de métier ? C'est bien à vendre des hardes ma foy que vous gagnez le plus.

Me THIBAUT.

Ton cousin, Monsieur de la Brie, est-il venu ?

GABRILLON.

Oui, Madame, il s'en est retourné même.

Me THIBAUT.

Il s'en est retourné ! Il faut qu'il soit fou. Y-a-t-il un moment à perdre ? Cleante revient aujourd'hui de Versailles; quelques mesures que je prenne pour paroître à ses yeux ce que je ne suis pas, avec le temps tout se sçait; & si je ne l'oblige à m'épouser avant qu'il soit deux jours, peut-être ne l'épouserai-je jamais.

GABRILLON.

Mon cousin va revenir, ne vous emportez pas.

Mᵉ THIBAUT.

Monsieur de la Brie devient furieusement libertin. A-t-on écrit les gens qui sont venus me demander?

GABRILLON.

Oui, Madame.

Mᵉ THIBAUT.

Qui sont-ils?

GABRILLON *tirant de sa poche un Agenda.*

Monsieur l'Abbé Castoret, qui a envoyé deux fois.

Mᵉ THIBAUT.

L'Abbé?

GABRILLON.

Monsieur l'Abbé Castoret.

Mᵉ THIBAUT.

Celui-là vous étoit recommandé, sans doute, puisque vous le nommez des premiers. Monsieur l'Abbé Castoret vous auroit-il par quelque petit benefice mis dans ses interêts?

GABRILLON.

Lui, Madame?

Mᵉ THIBAUT *lui arrachant l'Agenda.*

Donnez cela. L'Abbé Castoret, puisqu'il est tant de vos amis, dites-lui que le Prieur Coffard n'est pas dans la volonté de le mettre en possession de rien qu'aux conditions qu'il sçait. Ce Major de milice est-il venu?

GABRILLON.

Oui, qui peste comme un beau diable de voir que rien n'avance.

Mᵉ THI-

Mᵉ THIBAUT.

Est-ce ma faute? si le Commis de qui dépend son affaire a revoqué sa maîtresse, qu'il prenne des mesures d'ailleurs : car pour moy je n'avois que ce canal-là. Comment mettez-vous là? cet homme tout nud.

GABRILLON.

Dame, je ne sçai pas son nom : c'est ce grand homme tout déguenillé, à qui vous avez promis un employ dans les Gabelles.

Mᵉ THIBAUT.

Qui, ce jeune fou qui a joüé & mangé tout son bien?

GABRILLON.

Justement.

Mᵉ THIBAUT.

Hé, a-t-il dit qu'il reviendroit?

GABRILLON.

Oui.

Mᵉ THIBAUT.

Oui? Hé bien dites-lui qu'il n'y a rien à faire pour des Commissions, qu'à l'autre bail, à moins qu'il n'épouse cette fille dont je lui ai parlé : encore faut-il que dés le lendemain de ses nôces il la laisse à Paris, pendant qu'il ira faire sa Commission au fond du Perigord.

GABRILLON.

Bon, comme s'il ne voudra pas l'emmener.

Mᵉ THIBAUT.

Oh, je lui conseille d'avoir des volontez. Messieurs les Fermiers lui donneront des femmes pour les emmener! il n'a qu'à s'y attendre. Un homme pour un Privilege. Concernant quoy ce Privilege?

GABRILLON.

Je ne sçai ce qu'il chante. Il dit qu'il a trouvé l'invention de faire un fard à l'épreuve de tous les temps, des couleurs qui une fois seulement appliquées sur un teint, durent autant que la peau : en un mot il se vante d'avoir trouvé le secret de farder un visage à fresque.

Mᵉ THIBAUT.

Oh, oh, celui-là va avoir bien de la pratique.

GABRILLON.

Vraiment il n'y sçauroit suffire à l'heure que je vous parle. Il a sept ou huit douzaines de visages à rendre avant qu'il soit la fin de la semaine.

Mᵉ THIBAUT.

Vous deviez bien écrire sa demeure.

GABRILLON.

Oh que je m'en ressouviendrai bien ; c'est quelque part vers cette ruë saint Martin : rien n'est plus facile que de le trouver ; il n'y a qu'à demander le Peintre sur cuir, ou la Manufacture des visages.

Mᵉ THIBAUT.

A propos de la ruë saint Martin, vous êtes-vous souvenu d'aller à ce Messager de Roüen, sçavoir si ce quartier de veau de riviere, ce muid de cidre, ces pots de noix confites, & ces deux témoins sont arrivez.

GABRILLON.

Il n'y a encore que les témoins de venus. Comme l'affaire presse, & qu'il faut du temps pour les instruire, on a crû....

Mᵉ THIBAUT.

Belle avance, comme si le Procureur voudra recevoir l'un sans l'autre. Je ne vois point ici que ce Maître à Danser, ni ce Maître de Musique soient venus.

GABRILLON.

Voici le Maître à Danser.

Mᵉ THIBAUT.

Va vîte serrer toutes ces hardes pendant que je lui parlerai.

SCENE III.

Mᵉ THIBAUT, LE Mᵉ A DANSER.

Mᵉ THIBAUT.

HE' bien, avez-vous été chez cette petite personne ? Nôtre Financier attend la réponse avec impatience.

LE Mᵉ A DANSER.

Je sors de chez elle.

Mᵉ THIBAUT.

Lui montrez-vous à danser ?

LE Mᵉ A DANSER.

Non.

Mᵉ THIBAUT.

Vous n'avez donc pas dit à la mere que c'étoit vous qui montriez à cette Marquise de leur voisinage, qui à cinquante-cinq ans danse le menuet aussi proprement qu'une fille de quinze ?

LE Mᵉ A DANSER.

Pardonnez-moi vraiment.

Mᵉ THIBAUT.

Sçait-elle que c'est vous qui montrez la Sarabande au petit bichon de Madame la Maréchale ?

LE Mᵉ A DANSER.

Oui : mais tout cela ne sert de rien.

Mᵉ THIBAUT.

Et la raison, s'il vous plaît ?

LE Mᵉ A DANSER.

La raison ? La raison est qu'ils ne veulent donner qu'un loüis par mois.

Mᵉ THIBAUT

Et c'est là ce qui vous arrête ? avez-vous

perdu l'esprit dites-moy? quoy regarder à un loüis quand il s'agit d'en gagner trente! avec cette belle conduite-là je veux vous voir bientôt réduit à vendre le cheval que je vous ai fait donner par le Milord pour avoir... Ne me faites pas parler.

LE Mᵉ A DANSER.

Ne me faites pas parler vous-même, & comptez, quoy qu'il puisse arriver, que je ne montrerai jamais pour une pistole, ce seroit le moyen de me décrier.

Mᵉ THIBAUT.

Vraiment, mon petit ami, vous faites bien le rencheri depuis que je vous ai donné les moyens de vous faire un des syndics de la danse.

LE Mᵉ A DANSER.

Ma foy, Madame, dans toutes les affaires que nous avons faites ensemble vous avez gagné plus que moy, & je n'ai point rendu de billet dont vous ne vous soyez fait payer le port.

Mᵉ THIBAUT.

Voila encore une veste & une cravate, que vous n'auriez jamais euës sans moy.

LE Mᵉ A DANSER.

Oui, fort bien, vous me payez de vieilles nippes qui vous restent, & vous gardez l'argent comptant.

Mᵉ THIBAUT.

Monsieur le Maître à Danser!

LE Mᵉ A DANSER.

Madame la....

SCENE IV.

LE Mᵉ A CHANTER, LE Mᵉ A DANSER, Mᵉ THIBAUT.

LE Mᵉ A CHANTER.

Qu'est-ce donc que tout ceci ? Vous voila tous deux en colere.

Mᵉ THIBAUT.

J'ai bien sujet d'y être, & si la musique est aussi déraisonnable que la danse, je n'aurai qu'à pendre l'intrigue au croc.

LE Mᵉ A CHANTER.

Comment donc ? lui est-il arrivé quelque disgrace qui le dégoûte du commerce ? n'auroit-il sçû prendre le temps que son écoliere étoit seule ? Un pere seroit-il survenu, un rival, un mari.... Expliquez-vous donc si vous voulez ; à gens de nôtre profession il ne peut gueres arriver de pire accident que je sçache.

LE Mᵉ A DANSER.

Si l'on vouloit vous contraindre à montrer à chanter pour la moitié moins que vous n'avez coûtume de prendre, de bonne foy le feriez-vous ?

LE Mᵉ A CHANTER.

Oui, si je trouvois d'ailleurs quelque profit plus considerable.

Mᵉ THIBAUT.

Ne voila-t-il pas ce que je dis ? Dans toutes

LA FEMME

les affaires dont je lui ai donné la conduite, je voudrois bien sçavoir s'il s'est tenu à une pistole.

LE Mᵉ A CHANTER.

Vous vous mocquez je crois.

Mᵉ THIBAUT.

Il n'a jamais fait de marché seulement.

LE Mᵉ A DANSER.

Est-ce avec les écolieres qu'on en fait ? c'est avec ceux qui nous les donnent.

Mᵉ THIBAUT.

Avez-vous parlé à ce vieux Commandeur pour cette petite marchande, dont la mere est si surveillante ?

LE Mᵉ A CHANTER.

Oui : mais je ne lui montrerai point.

Mᵉ THIBAUT.

A l'autre. Ils ont tous deux resolu de me faire enrager, je pense.

LE Mᵉ A DANSER.

Je suis ravi de n'être pas seul de mon sentiment.

LE Mᵉ A CHANTER.

Non, ce n'est point l'argent qui m'arrête.

Mᵉ THIBAUT.

Et quelle raison pouvez-vous donc avoir ?

LE Mᵉ A CHANTER,

Elle ne veut apprendre que des Airs de l'Opera.

Mᵉ THIBAUT.

Ne nous voila pas mal.

LE Mᵉ A CHANTER.

De quoy me serviroit donc l'heureux genie que le Ciel m'a donné pour la composition ?

Mᵉ THIBAUT.

Il faut le laisser là cet heureux genie, & s'accommoder au genie des autres.

LE Mᵉ A CHANTER.

Je vous baise les mains, je fais de la musique,

c'est mon métier, & tous les Commandeurs du monde ne me feroient pas montrer à de petites filles qui ne veulent point apprendre de mes Airs, & les trouver plus beaux que ceux de l'Opera même.

Mᵉ THIBAUT.

Voila un étrange entêtement.

LE Mᵉ A DANSER.

Et moy je verrois crever tous les Financiers du Royaume plûtôt que d'apprendre à danser à leurs maîtresses pour une pistole.

Mᵉ THIBAUT.

Quelle extravagance !

LE Mᵉ A CHANTER.

Je trouve qu'il est de fort bon sens moy.

LE Mᵉ A DANSER.

Vous me paroissez avoir grande raison.

Mᵉ THIBAUT.

Diantre soit des impertinens ; mais finissons. Vous y perdez tout deux plus que qui que ce soit. Çà cette lettre ?

LE Mᵉ A DANSER.

La voila.

Mᵉ THIBAUT.

Le portrait, vous ?

LE Mᵉ A CHANTER.

Le voici.

Mᵉ THIBAUT.

Cette bourse ?

LE Mᵉ A DANSER.

Tout à l'heure.

Mᵉ THIBAUT.

Cette attache de diamans ?

LE Mᵉ A CHANTER.

Je vous la vais donner.

Mᵉ THIBAUT *reprenant la bourse.*

Au moins le compte y est ?

LE Mᵉ A DANSER.

Pour qui me prenez-vous?

Mᵉ THIBAUT.

Eh je vous connois, vous ne seriez pas le premier du métier qui ayant ordre de faire un present à une Dame, auroit en homme habile partagé le different par la moitié.

LE Mᵉ A DANSER.

Vous êtes en colere, serviteur.

LE Mᵉ A CHANTER.

Je n'ai plus rien à vous que ce petit enfant sans pere, dont la mere est morte il y a quinze jours. La nourrice doit le rapporter, vous trouverez bon que je vous l'envoye?

Mᵉ THIBAUT.

Oh pour ce bijoux-là vous n'avez qu'à le garder, c'est le fruit d'une intrigue où vous avez eu plus de part que moy.

LE Mᵉ A CHANTER.

Nous verrons pourtant à qui il demeurera. Je ne vous dis pas adieu.

Mᵉ THIBAUT.

Peste soit de la danse, & de la musique. Sans les travers qu'ont ces gens-là quelle fortune ne pourroient-ils point faire?

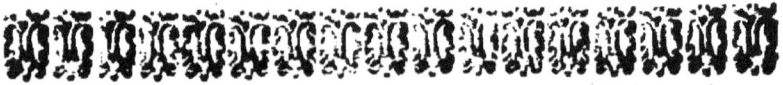

SCENE V.

Mᵉ THIBAUT, LA BRIE.

Mᵉ THIBAUT.

HE' bien, Monsieur de la Brie, vous sçavez les services dont j'ai besoin.

LA BRIE.

J'ai vû tout cela d'un coup d'œil.

Me THIBAUT.
Hé que vous en semble?
LA BRIE.
Cela est bon, cela réussira, nous en viendrons à bout.
Me THIBAUT.
Il y a cent pistoles à gagner.
LA BRIE.
Cent pistoles! ce n'est gueres. Il y a ouvrage & ouvrage, voyez-vous. Si nous n'avions qu'un Bourgeois à duper, ce ne seroit pas une grosse affaire: j'en entreprendrai, moy qui vous parle, à dix pistoles piece, tant que vous voudrez: mais lors qu'il s'agit de tromper un Capitaine, c'est une besogne diablement vetilleuse.
Me THIBAUT.
Combien voudriez-vous donc, Monsieur de la Brie?
LA BRIE.
Vous-même je vous en fais juge. Tenez, le seul personnage de Notaire, si je ne le faisois pas moy-meme, il me reviendroit à moy sans les beuvettes, à plus de cent pistoles. Malepeste on ne vient pas à bout des gens de cette profession à si bon marché que vous le croiriez bien.
Me THIBAUT.
Vous serez content de moy, Monsieur de la Brie.
LA BRIE.
Je vais donc me preparer.
Me THIBAUT.
Allez.

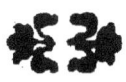

SCENE VI.

DORISE, Me THIBAUT.

DORISE.

IL y a quinze jours, Madame, que j'épie l'occasion de pouvoir vous entretenir en particulier, ce que je n'ai pû trouver jusqu'aujourd'hui.

Me THIBAUT.

Vous prenez encore bien mal vôtre temps, Madame.

DORISE.

Je n'ay que deux mots à vous dire.

Me THIBAUT.

Voyons donc vîte, de quoy s'agit-il?

DORISE.

D'un brevet de bel esprit, Madame: cela vous surprend?

Me THIBAUT.

Je vous avoüe, Madame, qu'avant que d'avoir eu l'honneur de vous voir, je n'avois point encore oüi dire qu'il y eût de beaux esprits à brevets.

DORISE.

C'est que pour m'exprimer à vous, Madame, d'une maniere plus élegante, je me suis servi du figuré: mais à parler au propre, cela veut dire que je postule une place à l'Academie.

Me THIBAUT.

Vous, Madame, une place à l'Academie! Oh je crois que vous dites encore cela au figuré.

DORISE.

Pourquoy pas, Madame, une place à l'Academie? parce que je suis femme peut-être? oh si vous le prenez là, c'est nôtre vrai ballot que les ouvrages de langue.

Mᵉ THIBAUT.

Des femmes à l'Academie! Oh il faudroit donc du moins se garder de leur donner des jettons; car au lieu de travailler au Dictionnaire, elles jouëroient à l'Hombre ou à la Bassette.

DORISE.

S'il est besoin de faire preuve de beau genie, graces au Ciel il court dans le monde des Sonnets & des Madrigaux de ma façon, qui ont fait dire à plus d'un connoisseur, qu'en matiere de Poësie je ne pouvois manquer d'être bel esprit à la premiere promotion.

Mᵉ THIBAUT.

La folle!

DORISE.

Pour la Prose, c'est en quoy j'excelle. Je travaille à mettre en beau langage le Code, le Protocole des Notaires, & le Praticien François.

Mᵉ THIBAUT.

Qu'elle est divertissante!

DORISE.

Par mon moyen on parlera dorénavant au Palais comme on parle à la Cour.

Mᵉ THIBAUT.

Fort bien.

DORISE.

Les Exploits, les Ajournemens personnels, les Decrets & les Sentences de mort seront écrits de ce petit stile gai, coupé, enjoüé, & fleuri, dont on écrit les Historiettes & les Romans.

LA FEMME

Mᵉ THIBAUT.

Vous verrez que c'est cette precieuse dont on me parla hier.

DORISE.

Il n'y aura point de bel esprit qui ne veüille avoir vingt procez, & l'on plaidera moins à l'avenir par necessité, que par galanterie.

Mᵉ THIBAUT.

Le merveilleux genie de femme !

DORISE.

Croiriez-vous bien, Madame, que je ne me suis fait separer de corps & de bien d'avec mon penultiéme mari, que parce qu'il m'étourdissoit tous les jours de quelque barbarisme du Palais ?

Mᵉ THIBAUT.

Vôtre penultiéme mari, Madame ? vous avez donc été mariée bien des fois ?

DORISE.

J'en suis à ma cinquiéme édition.

Mᵉ THIBAUT.

Oh que vous n'en demeurerez pas là, belle & jeune comme vous êtes : pour peu que vôtre mari soit vieux, vous serez bientôt reimprimée.

DORISE.

Adieu, Madame. Vous qui connoissez tant de gens, faites je vous prie, qu'on glisse dans le monde quelque mot en faveur de mes ouvrages, pour me procurer la place que je souhaite.

Mᵉ THIBAUT.

Fort bien. Fut-il jamais une plus extravagante creature. Mais apparemment Cleante ne peut pas tarder à venir ; allons changer d'habit, & donner ordre à ce qu'il faut, pour le recevoir en veuve de qualité.

Fin du premier Acte.

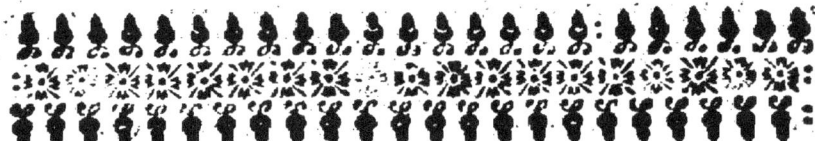

ACTE II.

SCENE PREMIERE.

LA RAME'E, JOLICOEUR.

LA RAME'E.

PRESENTEMENT que nous sommes seuls, viens que je t'embrasse, mon pauvre Jolicœur.

JOLICOEUR.

Quoy! c'est là la Ramée?

LA RAME'E.

Lui-même.

JOLICOEUR.

La Ramée, Sergent dans la Compagnie de Cleante?

LA RAME'E.

C'est lui-même, te dis-je, reculeras-tu toûjours?

JOLICOEUR.

Et qui diable t'auroit reconnu? Tu sors d'un carosse magnifique, & tu es vêtu comme un Colonel.

LA RAME'E.

J'ai mes raisons.

JOLICOEUR

Oh, je n'en doute pas. Mais enfin que fais-tu à Paris, aurois-tu deserté?

LA RAME'E.

Toy-même, que faisois-tu devant la porte

de ce logis lorsque je t'ai vû? je mourois de peur que tu ne m'allasses donner du la Ramée devant mes gens; c'est pourquoy je t'ai promptement entraîné ici. J'ai pris le nom de nôtre Capitaine, je me fais appeller Cleante, & je suis Gascon comme lui.

JOLICOEUR.

Me crois-tu assez indiscret pour appeller la Ramée un homme qui a un carosse & quatre laquais? Combien y a-t-il de gens à Paris qui, comme toy, ont un bon équipage, & qui seroient bien fâchez qu'on les appellât par leur premier nom?

LA RAME'E.

Que dis-tu de ce logis?

JOLICOEUR.

Pourquoy me demandes-tu cela?

LA RAME'E.

Quand tu voudras ce sera ton auberge.

JOLICOEUR.

Comment donc?

LA RAME'E.

J'en épouse la maîtresse.

JOLICOEUR.

Tout de bon!

LA RAME'E.

La trouves-tu passablement logée?

JOLICOEUR.

Comment diable! voila une chambre magnifique.

LA RAME'E.

Qu'appelles-tu une chambre? ce n'est qu'une salle à breland pour les laquais, la maîtresse de ce logis est une femme de qualité, veuve d'un Conseiller de Bretagne, qui a amassé des biens considerables, & qui, de crainte de dépenser un sol, s'est laissé mourir de faim. Que je vais faire honneur aux acquêts du défunt! Je veux par ma magnificence immortaliser à jamais cette humeur sobre & laborieuse dont il étoit doüé.

JOLICOEUR.
Et comment as-tu fait cette connoissance ?
LA RAME'E.
Ma foy, mon pauvre Jolicœur, j'ai tenté fortune. Prévenu que pour prendre une femme un carosse étoit un merveilleux trebuchet, j'ai donné dans l'équipage, & je me suis jetté dans le grand monde. Aprés quelques avantures, mon bonheur m'a conduit ici, & il ne s'est peut-être pas encore vû un plus beau coup de simpathie. Croirois-tu qu'à la premiere conversation la Dame me trouvant de l'esprit, elle se sentit toute émuë de tendresse pour moy; & moy la voyant riche & toute brillante de pierreries, je me trouvai pour elle tout de flâme.
JOLICOEUR.
Mais de ton équipage, qui en a fait la dépense ?
LA RAME'E.
Nôtre Capitaine, sans le sçavoir.
JOLICOEUR.
T'auroit-il envoyé en recruë ?
LA RAME'E.
Tu l'as dit.
JOLICOEUR.
Combien t'a-t-il donné ?
LA RAME'E.
Deux mille écus.
JOLICOEUR.
Combien en as-tu déja dépensé pour toy ?
LA RAME'E.
Prés de sept cent pistoles.
JOLICOEUR.
Sur six cent pistoles en dépenser sept cent, voila une belle économie.

LA FEMME

LA RAME'E.
Cela te surprend : & tu verras que rien n'est plus facile quand tu sçauras la chose. Premierement, je devois faire douze soldats, je n'en ferai point.

JOLICOEUR.
Voila déja un gain assez considerable sur le premier article.

LA RAME'E.
Je devois payer pour lui quatre cens pistoles à son Drapier, je n'en ferai encore rien.

JOLICOEUR.
Oh ! il y a là-dessus plus de la moitié de profit.

LA RAME'E.
J'ai ordre de lui faire faire deux habits par son Tailleur, de les payer comptant ; je les prens à credit, & je m'en sers.

JOLICOEUR.
Oh pour celui-là il y a de l'usure.

LA RAME'E.
Il ne faut point être scrupuleux, Jolicœur, quand on veut faire sa fortune.

JOLICOEUR.
Oh tu es comme il faut être.

LA RAME'E.
Mon ami, ce n'est pas là mon coup d'essai.

JOLICOEUR.
Il y paroît.

LA RAME'E.
Je n'ai pas toûjours été soldat, & tel que tu me vois, j'ai fait rouler pendant cinq ou six ans un fort bon carosse à Paris.

JOLICOEUR.
Je t'ai vû un temps que tu n'en avois pas de fort beaux restes.

LA RAME'E.
Que veux-tu ? les gens qui ne vivent que par

machines sont sujets à ces sortes de revers. Mon adresse & mon sçavoir-faire m'avoient mis dans le monde dans une assez belle situation ; mais mon bonheur m'y fit des jaloux, on me suscita des affaires, je m'enrôlai pour me garantir des brutalitez de la Justice.

JOLICOEUR.

Parle bas, quelqu'un vient.

LA RAMEE.

Fais-toy mener chez moy par un de mes laquais. Je veux prendre de tes conseils pour m'assurer cette fortune.

SCENE II.

Me THIBAUT, LA RAMEE, GABRILLON.

Me THIBAUT.

Quoy vous êtes ici, Cleante, & je n'en suis pas avertie ?

LA RAMEE.

Je donnois des ordres à un de mes Sergens, & regardois la beauté de vôtre salle.

Me THIBAUT.

Vous me trouvez donc meublée à vôtre goût ?

LA RAMEE.

Je n'ai encore rien vû de mieux entendu, de plus riche, ni de plus superbe que vôtre appartement.

Me THIBAUT.

Oh pour superbe non, cela n'est que propre. En faut-il tant pour une veuve ? Qu'est-ce, Gabrillon ?

GABRILLON.
Vôtre Notaire, Madame, qui vous apporte des papiers à signer.
Me THIBAUT.
Oh dites-lui qu'il vienne une autre fois.
LA RAME'E.
Eh, Madame, que je ne fois pas cause…
GABRILLON.
Bon, le voila qui entre.

SCENE III.

Me THIBAUT, LA RAME'E, GABRILLON, LA BRIE.

Me THIBAUT.
HE' Monsieur, vous prenez bien mal vôtre temps.
LA BRIE *en Notaire*.
Quel temps faut-il donc prendre, Madame ? ou vous êtes en compagnie, ou vous êtes en affaires.
Me THIBAUT.
Croiriez-vous bien, Monsieur, que cet homme-là donne cinquante mil écus à ses enfans ? aussi il gagne tout ce qu'il veut.
LA BRIE.
Tout ce que je veux, Madame, cela étoit bon autrefois : mais aujourd'hui pour épargner les frais d'un contrat la plûpart des gens se marient sous seing privé.
GABRILLON.
Pour moy, je ne serai pas à la peine de frauder le Notariat ; car vous m'avez promis que vous ferez mon contrat de mariage gratis.

LA BRIE.
Çà, commencerons-nous, Madame?
Mᵉ THIBAUT.
Croyez-moy, remettons la chose à une autre fois.
LA BRIE.
Nous aurons fait dans un moment, Monsieur voudra bien...
LA RAME'E.
Madame me désobligeroit de....
LA BRIE.
Il n'y a que quatre baux, cinq quittances, & deux contrats de constitution : en voulez-vous la lecture ?
Mᵉ THIBAUT.
Le Ciel m'en préserve !
LA RAME'E *bas.*
Deux contrats de constitution !
LA BRIE.
A propos je trouve à placer vos deux mille pistoles sur un jeune homme de famille, qui les employera à se faire un bon équipage pour donner dans la vûë à la veuve d'un Partisan. Nous ferions mention dans le contrat de l'employ des deniers, cela est bon. Mon clerc est venu vous le dire.
Mᵉ THIBAUT.
J'ai changé de sentiment. On me doit faire un remplacement de douze mille francs, je veux placer le tout ensemble.
LA RAME'E.
Ce sont vingt-deux mille livres ; j'ai gens en main qui s'en accommoderont.
LA BRIE.
J'ai vôtre fait aussi, Madame, & nôtre pis aller sera de les prêter pour un nouvel établissement d'Opera. Autrefois qu'ils ne donnoient qu'une piece en tout un an, je ne l'auroîs

pas conseillé : & fy ! ils ne gagnoient pas de l'eau ; mais presentement qu'ils en donnent tous les mois, quand vous feriez ma sœur je ne pourrois pas en conscience vous indiquer une meilleure hypoteque..

LA RAME'E.

Selon. Il faut sçavoir qui fait la musique premierement, & que quelque riche negociant mette son nom & son paraphe au bas du contrat de constitution.

Mᵉ THIBAUT.

Nous parlerons de cela quand on m'aura envoyé mon argent : mais aujourd'hui que faut-il faire pour me débarasser de vous ?

LA BRIE.

Signer tous ces papiers, Madame.

Mᵉ THIBAUT.

Passons donc dans mon cabinet. Au moins vous voulez bien me permettre....

LA RAME'E.

Madame...

Mᵉ THIBAUT.

Entrez dans ma chambre. Je vous rejoins dans un moment.

LA RAME'E.

Non, Madame, je n'ai point été chez moy depuis mon retour de Versailles, j'ai quelques ordre à donner.

Mᵉ THIBAUT.

Qu'on vous revoye donc bientôt, je vous prie.

LA RAME'E.

en s'en allant.

Le plûtôt qu'il me sera possible. Je suis plus pressé de conclure qu'elle ne pense.

SCENE IV.

Mᵉ THIBAUT, LA BRIE.

Mᵉ THIBAUT.

MOnsieur le Capitaine a pris l'hameçon, il ne faut pas lui donner le temps de se reconnoître.

LA BRIE.

Laissez-moy faire, tout ira bien. N'ai-je pas fait le Notaire à merveilles?

Mᵉ THIBAUT.

Assurément.

LA BRIE.

Il ne m'en manque que la Charge, car j'ai d'ailleurs toutes les parties necessaires pour faire un parfaitement habile homme.

Mᵉ THIBAUT.

Voici quelqu'un, laisse-nous.

SCENE V.

GABRILLON, M. THIBAUT.

GABRILLON.

ON vous demande là-bas.

Mᵉ THIBAUT

Qui?

GABRILLON.

Une Dame, qui veut acheter le carosse qui est sous vôtre remise.

Mᵉ THIBAUT.

Comment! va lui dire qu'il n'est pas à vendre: ne vois-tu pas qu'il me fait honneur, & que Cleante le prend pour être à moy? Ecoute, si cette Maîtresse des Comptes à qui il appartient venoit ici, ne vas pas lui dire qu'on le marchande.

GABRILLON.

Oui? Mais ce jeune Officier qui a déja les chevaux, & qui n'attend plus qu'après l'argent du carosse pour achever son équipage, s'accommodera-t-il de cela?

Mᵉ THIBAUT.

Qu'il s'en accomode s'il veut. Ne voudrois-tu pas que j'allasse préferer ses interêts aux miens? Va, va, te dis-je... Mais que me voudroit ce jeune Gentil-homme?

SCENE VI.

Mᵉ THIBAUT, ANGELIQUE *en homme.*

ANGELIQUE.

Bon jour, Madame.

Mᵉ THIBAUT.

Monsieur, vôtre servante.

ANGELIQUE.

Touchez là.

Mᵉ THIBAUT.

Monsieur.

ANGELIQUE.

Touchez-là, vous dis-je, je veux faire amitié avec vous.

Mᵉ THIBAUT.
Ce me seroit bien de l'honneur.
ANGELIQUE.
Et à moy bien du profit. Comment diable, on dit que la fortune & vous, vous êtes les deux doigts de la main, qu'elle vous met à même des emplois, & que vous rendez heureux qui bon vous semble?
Mᵉ THIBAUT.
Je ne ferai jamais tant de bien, que je souhaiterois d'en faire.
ANGELIQUE.
Il ne tiendra qu'à vous que je n'en fasse l'épreuve. Vous voyez un jeune homme tout frais sorti de l'Academie qui cherche à entrer dans le monde: mais qui aimeroit mieux n'y mettre jamais le pied, que de n'y pas entrer par une belle porte.
Mᵉ THIBAUT.
Il y en a plusieurs: il ne s'agit là-dessus que de consulter vôtre inclination. Voulez-vous être de robe ou d'épée?
ANGELIQUE.
De robe! regardez-moy bien, ai-je l'air d'un écolier en Droit? d'épée, morbleu, d'épée s'il en fut jamais; on a toûjours porté les armes dans ma famille.
Mᵉ THIBAUT.
Si c'est dans le service que vous souhaitez d'entrer, je ne puis rien pour vous.
ANGELIQUE.
Vous ne pouvez rien faire pour moy?
Mᵉ THIBAUT.
Pas cela. Les Emplois de la guerre ne sortent point de ma boutique. J'en suis fâchée, quoiqu'au fond c'est bien dommage qu'un joli homme comme vous aille à l'armée.

ANGELIQUE.

Lorsqu'on est né l'épée au côté, je crois que par tout ailleurs un homme de mon âge fait une sotte figure.

Mᵉ THIBAUT.

Vous êtes riche?

ANGELIQUE.

Je suis tout l'opposé.

Mᵉ THIBAUT.

Tant pis.

ANGELIQUE.

Bon, bon, tant pis, quand on a de la naissance & de la valeur, le service donne le reste.

Mᵉ THIBAUT.

Oui, mais pas toûjours. Croyez-moy, mon beau Gentil-homme, ne méprisez point mes conseils: il y a tant de femmes qui ne s'appliquent uniquement qu'à reparer dans une jeunesse indigente le tort que lui fait la fortune, tâchez à vous associer avec quelque riche veuve; quand un équipage est en desordre, il vaut mieux pour le remettre avoir recours à la femme qu'à l'usurier.

ANGELIQUE.

Moy prendre une femme, & qu'en ferois-je?

Mᵉ THIBAUT.

Ce que tous les autres jeunes gens qui épousent des femmes déja surannées en font, leurs Intendantes & leurs Fermieres. Si vous voulez avant qu'il soit deux jours je vous livre la veuve d'un marchand de marée qui me persecute pour lui trouver un joli mari. Si le parti vous accommode elle vous mettra à la tête de vingt-cinq mille livres de rente.

ANGELIQUE.

Une femme de vingt-cinq mille livres de rente, le joli poste pour un jeune homme, si cela n'obligeoit pas à residence!

Mᵉ THI-

Mᵉ THIBAUT.

Qu'appellez-vous residence ? Un homme de vôtre qualité est-il pour passer ses jours comme un Bourgeois cousu aux juppes de sa femme ? On passe six mois à l'armée, de là on revient à Paris. Madame y est-elle, on va à la Cour : vient-elle à la Cour, on retourne à Paris ; de maniere qu'en tout un an un mari n'aura pas donné quarante jours à sa femme. Est-il, à le bien prendre, une plus douce condition ? où trouverez-vous encore un métier dont le travail de six semaines suffise pour vous défrayer de toute l'année ?

ANGELIQUE.

Six semaines auprés d'une femme, ne contez-vous cela pour rien ?

Mᵉ THIBAUT.

Ouais, vous êtes donc bien libertin ?

ANGELIQUE.

Que voulez-vous ? chacun a son foible, & celui-là n'est pas le mien.

Mᵉ THIBAUT.

Vous ne voyez donc pas une femme ?

ANGELIQUE.

Je les verrois toutes, si elles étoient toutes faites comme toy.

Mᵉ THIBAUT.

Hé, Monsieur, vous n'y pensez pas.

ANGELIQUE.

La folle qui ne reconnoît pas Angelique.

Mᵉ THIBAUT.

Mademoiselle Angelique ! & qui vous reconnoîtroit dans cet équipage ? Allez-vous courre le bal ?

ANGELIQUE.

Une affaire bien plus serieuse me met en campagne.

Tome II. C

Mr THIBAUT.

Une affaire serieuse ! cela ne m'a point encore paru.

ANGELIQUE.

Si je t'ai dis des folies, & que je ne me sois pas d'abord fait connoître à toy, ce n'étoit que pour faire l'épreuve de mon déguisement ; s'il a pû te tromper, il pourra bien en tromper d'autres.

Mr THIBAUT.

Vous avez l'air tout à fait Cavalier. Mais encore quelle affaire ?...

ANGELIQUE.

Une affaire de jalousie.

Mr THIBAUT.

Une affaire de jalousie ?

ANGELIQUE.

Je ne suis jalouse que de la bonne sorte, & je te jure que c'est sans être amoureuse moy-même.

Mr THIBAUT.

Je le veux croire ; mais pourtant ce déguisement....

ANGELIQUE.

Je ne l'ai pris que pour m'introduire dans une maison où mon perfide de Chevalier donne des rendez-vous à ma rivale. Il me dit tous les jours qu'il ne la voit point, & sous pretexte d'aller joüer, ils se trouvent ensemble dans le logis en question. J'y vais ce soir à la faveur de cet habit, je les observerai de prés, j'étudierai jusques à leurs moindres gestes ; & si le cœur m'en dit, je les froterai tous deux comme tous les diables.

Mr THIBAUT.

Et tout cela sans être amoureuse ?

ANGELIQUE.

Oui, je te jure, mon dessein n'est que de décrier ma rivale par une avanture d'éclat.

Mᵉ THIBAUT.
Vous ferez aussi parler de vous. Estes-vous folle, dites-moy ?

ANGELIQUE.
Non. D'accord, je ne suis pas trop sage ; mais je serois fâchée de l'être assez pour changer de resolution.

Mᵉ THIBAUT.
Le Chevalier ne vous le pardonnera jamais, & voilà le vrai moyen de rompre tout à fait avec lui.

ANGELIQUE.
La rupture est certaine de maniere ou d'autre, & il me semble qu'en finissant une intrigue, c'est une espece de consolation que de gourmer un infidele.

Mᵉ THIBAUT.
Mais....

ANGELIQUE.
Mais, tes discours sont inutiles, je ne suis point ici pour prendre de tes conseils, j'y viens pour te demander de l'argent.

Mᵉ THIBAUT.
De l'argent à moy !

ANGELIQUE.
Oui, mon enfant. A moins que de joüer dans la maison du rendez-vous, on y fait mauvaise figure, & je pretends la faire bonne.

Mᵉ THIBAUT.
Vous allez y briller, je vous en répons.

ANGELIQUE.
Voila un diamant de cent pistoles, prête-m'en cinquante, je te prie, je t'en payerai bien l'interêt.

Mᵉ THIBAUT.
Vous vous moquez, je crois : il y a heureusement cinquante pistoles dans ma bourse.

ANGELIQUE.

Je te suis obligée. Quand je devrois les perdre, je ferai beau bruit pour mon argent, & tu entendras parler de moy.

Mᵉ THIBAUT.

Adieu mon beau Cavalier, adieu.

SCENE VII.

Mᵉ THIBAUT, GABRILLON.

GABRILLON.

Madame ?

Mᵉ THIBAUT.

Qu'est-ce qu'il y a ?

GABRILLON.

J'attendois que ce jeune Monsieur fût sorti pour vous dire que cette nourrice est là-bas, qui fait un vacarme enragé, & qui veut à toute force que nous reprenions cet enfant.

Mᵉ THIBAUT.

Et pourquoy la laisser entrer ? la porte n'étoit-elle pas fermée ?

GABRILLON.

Tant de gens vont & viennent...

Mᵉ THIBAUT.

Viens, viens, suis-moy. Madame la nourrice n'a qu'à se bien tenir, elle trouvera à qui parler.

Fin du second Acte.

D'INTRIGUES.

ACTE III.

SCENE PREMIERE.

Mᵉ THIBAUT, GABRILLON.

GABRILLON.

MA foy, Madame, il n'est rien tel que de faire du bruit, & d'avoir bonne tête. La pauvre Nourrice étourdie de vos discours, & intimidée de vos menaces, reporte l'enfant au Maître de Musique, & je crois que nous en sommes tout-à-fait débarassées.

Mᵉ THIBAUT.

Je ne sçai, le Maître de Musique est un mutin qui me fera peut-être assigner pour le reprendre: mais au pis aller, j'ai des amis, & je me tirerai bien d'affaire.

GABRILLON.

Vraiment vous tenez toute la Justice dans vôtre manche, & voila encore un nouvel appui que vous allez avoir au Palais.

Mᵉ THIBAUT.

Qui? ce fou d'Eraste, qui pour se raccommoder avec sa famille, a quitté l'épée pour la Robe, & d'Officier s'est fait apprentif Magistrat? c'est un homme d'un grand poids!

GABRILLON.

Il deviendra comme les autres. Oh diantre, Madame, il va vivre desormais en honnête homme, son laquais dit qu'il se va marier.

Mᵉ THIBAUT.
C'est donc pour cela qu'il cherche une toilette ?

GABRILLON.
Apparemment.

Mᵉ THIBAUT.
Il faut aller chez cette Marquise qui mourut dernierement, sçavoir quand on fera son inventaire.

GABRILLON.
Il n'y aura point de toilette à cet inventaire, Madame, & je ne crois pas qu'on fasse d'inventaire même.

Mᵉ THIBAUT.
Et la raison ?

GABRILLON.
Cette Marquise a tout donné pendant sa vie. Il faut entendre là-dessus ses heritiers, ils ne délabrent pas mal sa reputation.

Mᵉ THIBAUT.
Ce sont de bons impertinens de la vouloir noircir : une femme qui ne s'est occupée pendant tout le cours de sa vie, qu'à fonder des carosses à perpetuité à de jeunes gens de naissance, que la necessité mettoit hors d'état d'en avoir. Ah ! Gabrillon, l'étrange chose que le monde ! quelque bien que l'on puisse faire aux uns, on est presque toûjours blâmé par les autres. Voici Cleante, qu'on dise à tout le monde que je n'y suis pas.

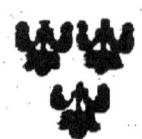

SCENE II.

Mᵉ THIBAUT, LA RAME'E.

Mᵉ THIBAUT.

N'Avez-vous plus d'ordres à donner, & peut-on s'assurer de vous posseder autant de temps qu'on le souhaite ?

LA RAME'E.

Je vous consacre tous les momens de ma vie, Madame, & si les affaires du Regiment m'empêchoient d'être tout à vous, je me casse moy-même, & je remets ma Compagnie.

Mᵉ THIBAUT.

Il me semble qu'on parle du départ.

LA RAME'E.

Que fait cela, Madame ? homme de Cour & de qualité comme je suis, je ne pars que quand il me plaît. Je passe à Paris des demi-étez *incognitò* : je joins l'armée le jour d'une action ; cela fini je reviens triomphant mettre à vos pieds toute ma gloire, & vous sacrifier ma fortune.

Mᵉ THIBAUT.

Je ne crains rien tant que vôtre éloignement.

LA RAME'E.

Ah ! ma Princesse, que je suis heureux si ma presence....

Mᵉ THIBAUT à *Gabrillon*.

Que veut-on ? Ne vous avois-je pas dit de

C iiij

ne laisser entrer personne ?
GABRILLON.
Ce n'est pas vous, Madame, qu'on demande, c'est un essouflé qui veut parler à Monsieur.
LA RAME'E.
Un essouflé ? que veut-elle dire ?
GABRILLON.
C'est une façon de Courier, qui arrive de vôtre garnison peut-être.
LA RAME'E.
Un Courier, moy ? cela ne se peut ; qui lui auroit dit que je suis chez vous, Madame ?
GABRILLON.
C'est pourtant bien vous qu'il demande. C'est un de vos laquais qu'il a trouvé à vôtre logis, qui l'a amené ici. Tenez, le voila. Le reconnoissez-vous ?

SCENE III.
LA RAME'E, M. THIBAUT, GABRILLON, CHAMPAGNE.

LA RAME'E.
HE' cadedis, c'est Champagne le valet de chambre de mon pere. Que viens-tu m'annoncer, mon pauvre diable ?
CHAMPAGNE *en Courier*.
Je suis mort, Monsieur.
LA RAME'E.
Apprens-moy vîte....
CHAMPGNE.
De Bordeaux à Paris en deux jours ! le dita

ble, tout diable qu'il est, n'a jamais fait une telle diligence.

LA RAME'E.
Tu ne veux pas me dire....

CHAMPAGNE.
Vôtre pere.

LA RAME'E.
Hé bien mon pere, est-il blessé ? est-il mort ?

CHAMPAGNE.
Rien de tout cela. Il n'entre point de mortalité dans mon message ; au contraire je suis un porteur de nouvelles toutes tissuës d'allegresses, c'est pour vôtre mariage qu'on m'envoye.

LA RAME'E.
Mon mariage ? Ah ! Madame, mon pere sçauroit-il nos affaires ?

CHAMPAGNE.
Comment donc vos affaires avec Madame ? Vous alliez donc prendre une femme jusqu'à nouvel ordre ?

LA RAME'E.
Insolent, voudrois-tu bien te taire ?

CHAMPAGNE.
Et vous, voudriez-vous bien venir vous botter ? Les jours sont courts pour un homme qu'on attend à souper à cent cinquante lieuës d'ici ; il n'y a pas un moment à perdre.

LA RAME'E.
Veux-tu toûjours me parler énigme ?

CHAMPAGNE.
Vous parler de souper, c'est vous parler énigme ? il faut n'avoir ni faim ni soif pour n'entendre pas cela. Tenez, voyons si vous comprenez mieux les choses par écrit.

C v

42 LA FEMME

LA RAME'E.

Tu as une lettre?

CHAMPAGNE.

Oui, Monsieur.

LA RAME'E.

Eh, que ne me la donne-tu donc? fais vite.
Que me voudroit mon pere?

Mᵉ THIBAUT *bas.*

J'en suis plus en peine que lui.

GABRILLON *bas.*

Je tremble.

LA RAME'E *lit.*

MON FILS,

Je ne sçaurois vous donner de plus fortes preuves de mon amitié, qu'en vous donnant Ismene pour épouse.

Mᵉ THIBAUT *bas.*

Qu'entens-je?

GABRILLON *bas.*

Madame!

LA RAME'E *continuant.*

J'espere qu'après que vous l'aurez vûë, vous avoüerez comme moy que les cent mille livres qu'elle vous apporte en mariage sont moins à estimer que sa beauté.

Mᵉ THIBAUT *bas.*

Ah Ciel!

GABRILLON *bas.*

Quel contre-temps!

LA RAME'E *poursuit.*

Prenez la poste dés qu'on vous aura rendu ma lettre, & comptez que quelque diligence que vous

fassiez, vous aurez peine à satisfaire l'impatience de
ceux qui vous attendent.

Vôtre affectionné pere,
LE MARQUIS DE CLEANTE.

LA RAME'E *aprés avoir lû.*
Madame, quel coup de foudre !
CHAMPAGNE.
Cela rompt vos mesures, mais il faut suivre
l'ordre.
Mᵉ THIBAUT.
Hé bien, Cleante, qu'allez-vous faire ?
LA RAME'E.
Renvoyer cet homme à mon pere, Madame,
lui promettre tout, & revenir sur mes pas me
mettre, si vous voulez, hors d'état de faire ce
qu'on veut de moy.

SCENE IV.

Mᵉ THIBAUT, GABRILLON.

Mᵉ THIBAUT.
C'En est fait, Gabrillon, toutes nos précautions vont peut-être devenir inutiles.
GABRILLON.
Diantre soit du maudit Courier. Si j'avois
sçû cela, je me serois bien gardée de le faire
entrer. Mais voici vôtre nouvel appui du Palais.

SCENE V.

M. THIBAUT, ERASTE.

ERASTE.

Bon jour, ma chere Madame Thibaut.

M. THIBAUT.

Hé comme vous voila bâti, quelle metamorphose!

ERASTE.

Est-ce que tu ne trouves pas que j'aye bon air en manteau?

M. THIBAUT.

Ma foy non. Vous êtes trop serieux, & je trouve qu'un plumet étoit mieux vôtre fait qu'un rabat.

ERASTE.

Je n'y renonce pas tout à fait, & je le reprendrai quelquefois.

M. THIBAUT.

Pourquoy donc vous défaire de vos nippes? Que voulez-vous que je fasse de ces deux écharpes que vôtre laquais m'a apportées ce matin?

ERASTE.

Je veux les vendre ou les troquer. J'ai besoin d'une belle toilette, & je pretens que mes écharpes m'indemnisent de cette dépense.

M. THIBAUT.

Vous vous sentez déja des mauvaises impressions de l'habit bourgeois. Vous devenez ménager.

ERASTE.

Je m'en avise un peu tard, ma pauvre Madame Thibaut, & ma foy ce n'est qu'à mon corps défendant : mais j'ai fait tant de dépense, que sans le bien de ma vieille tante je me trouverois aujourd'hui fort embarassé.

Me THIBAUT.
C'est elle qui vous marie apparemment ?

ERASTE.
Tu l'as deviné.

Me THIBAUT.
Mais je vous trouve bien hardi de prendre une femme sans me consulter ?

ERASTE.
Sans ma tante je n'en aurois pris une que de ta main.

Me THIBAUT.
Quand épousez-vous ?

ERASTE.
Dés demain.

Me THIBAUT.
Et vous ne tremblez pas ?

ERASTE.
Pourquoy trembler ? C'est une veuve des plus modestes, & la conduite que tout le monde sçait qu'elle a euë avec son premier mari, m'est caution de celle qu'elle aura avec moy.

Me THIBAUT.
Voila de fort bons préjugez.

ERASTE.
Songe donc à mes écharpes ?

Me THIBAUT.
Pour vos écharpes, j'en attens réponse, je les ai envoyées chez une Provinciale qui s'en accommodera, je pense. Je ne sçai quelle inclination elle a pour ces sortes de nippes, mais elle achete plus d'écharpes & de nœuds d'épée, que de coëffes & d'eventails.

GABRILLON revenant.
Madame, voila ces deux écharpes qu'on ren-

voye, Madame la Baronne n'en achete plus. Elle s'est jettée depuis quelques jours dans le goût des petits colets.

Mᵉ THIBAUT.

Nous ne lui vendrons donc plus que de la battiste ?

ERASTE.

Comment ferons-nous pour la toilette ?

Mᵉ THIBAUT.

Si nous trouvions moyen d'en faire une des deux écharpes : déploye un peu cela, Gabrillon.

ERASTE.

Comment ?

M. THIBAUT.

Attendez, j'ai là-dedans une étoffe d'or qui vient parfaitement bien avec ce point d'Espagne ; je vais la chercher.

GABRILLON.

Madame est une femme qui s'entend à tout.

ERASTE.

Elle a des talens admirables.

GABRILLON.

Vous le sçavez par experience. Mais quelqu'un monte ici, & Madame n'y veut pas être; il faut que j'aille dire qu'elle est sortie.

ERASTE *seul*.

Je suis le plus trompé du monde, si ce n'est ma maîtresse avec un jeune homme : que vient-elle faire ici ? Voici un endroit propre pour me cacher, je ne tarderai pas à en être éclairci.

SCENE VI.

ARAMINTE, GABRILLON, LE CHEVALIER, ERASTE *caché*.

GABRILLON.

Mais, Madame, ma maîtresse n'y est pas, vous dis-je.

ARAMINTE.

Tu te moques de moy, ma bonne : si elle n'y est pas, elle reviendra, & nous avons tout le loisir de l'attendre.

ERASTE *caché*.

Je ne me trompois pas, c'est elle-même.

GABRILLON.

Puisque vous voulez attendre, je vais le dire à ma maîtresse.

ARAMINTE.

Nous ne la tiendrons gueres : dis-lui seulement qu'une Dame lui veut parler. Si je vous avois crû, Chevalier, il m'auroit fallu attendre seule, & vous seriez demeuré dans le carosse.

LE CHEVALIER.

Ces sortes de femmes connoissent toute la terre : sçait-on ce qui peut arriver ?

ARAMINTE.

Ah ! Chevalier, que peut-il m'arriver de plus fâcheux, que de n'être pas avec vous autant de temps que j'en ai l'occasion ?

ERASTE *caché*.

Ce debut n'est pas mal.

LA FEMME

Mᵉ THIBAUT *revenant.*

Qu'y a-t-il pour vôtre service, Madame ?

ARAMINTE.

On m'a dit, ma bonne, que tu sçavois quelquefois des carosses à vendre.

Mᵉ THIBAUT.

Quelle sorte de carosse voudriez-vous, Madame ?

ARAMINTE.

Un petit carosse coupé.

Mᵉ THIBAUT.

Pour Monsieur peut-être ?

LE CHEVALIER.

Justement, en sçauriez-vous un ?

Mᵉ THIBAUT.

Si vous n'en étiez pas si pressé, je connois un jeune homme qui s'est broüillé depuis peu avec la femme d'un Banquier : s'ils ne se raccommodent pas, son carosse sera bien vôtre fait.

ARAMINTE.

Que tient-elle là, une écharpe ? elle est belle vraiment ; cela servira bien à m'acquitter de la discretion que vous me gagnâtes hier, Chevalier.

ERASTE *bas.*

Mon écharpe !

LE CHEVALIER.

Je ne pretens pas cela, Madame.

ARAMINTE.

Et moy je le pretens : elle est à vendre aparemment ?

LE CHEVALIER.

Non, je n'y consentirai jamais.

ARAMINTE.

Hé, mon frere, que vous faites le badin !

ERASTE.

Son frere ! & de quel côté ?

ARAMINTE.

Je le veux, vous dis-je, Ne me la donneras-tu pas bien pour quinze pistoles ?

ERASTE *se montrant.*

Madame, l'écharpe est à moy, vous en donnerez ce qu'il vous plaira.

ARAMINTE.

Ah Ciel !

ERASTE.

Adieu, Madame. Je vais remercier ma tante, & l'informer que vous avez un frere, que toute vôtre famille ne sçavoit pas que vous eussiez.

M. THIBAUT.

Je crois, Dieu me pardonne, que c'est la veuve qui a si bien vécu avec son premier mari.

LE CHEVALIER.

Je ne comprens rien à tout ceci, Madame.

ARAMINTE.

Ah ! Chevalier, il y a pour en mourir. Un homme que je devois épouser demain, de qui la tante faisoit ma fortune.

LE CHEVALIER.

Quoy c'est là cet Eraste ? j'avois raison de vouloir demeurer dans le carosse.

ARAMINTE.

Ah ! je n'en puis plus.

Mᶜ THIBAUT.

Passez dans ma chambre, Madame, pour vous reposer un moment.

SCENE VII.

LE MARQUIS, GABRILLON.

LE MARQUIS.

Bon jour, la belle enfant, pourroit-on dire un mot à vôtre maîtresse ?

GABRILLON.

Elle est empêchée.

LE MARQUIS.

Il faut pourtant que je lui parle.

GABRILLON.

Ce ne sera pas de long-temps du moins.

LE MARQUIS.

Quand je devrois l'attendre jusqu'à minuit.

GABRILLON.

Vous attendrez tant qu'il vous plaira, vous êtes le maître.

LE MARQUIS.

Voilà une fille qui me parle bien cavalierement. Est-il possible qu'elle ne reconnoisse pas à mes allures que je suis homme de qualité ?

SCENE VIII.

LE MARQUIS, LE COCHER.

LE COCHER.

Par vôtre parmission, Monsieur, n'est-il point monté ici un Monsieur & une Madame ?

LE MARQUIS.

Ah! mon enfant, c'est toy qui m'as mené cette nuit au bal, je pense; pourquoy n'es-tu pas venu me reprendre?

LE COCHER.

Ah! serviteur, mon Prince, ma foy je vous demande pardon, ce n'est pas ma faute. Ces deux grosses femmes que vous me dites de voiturer, m'ont fait courir jusqu'à dix heures du matin, & encore ne m'ont-elle rien baillé pour boire.

LE MARQUIS.

Mon valet de chambre t'a payé?

LE COCHER.

Je ne lui demande rien.

LE MARQUIS.

Et où as-tu remené ces Dames?

LE COCHER.

Ces Dames, Monsieur? J'ai mis l'une au bout d'une ruë dans le marais, & l'autre à la porte des grands Augustins. Il y a comme çà des especes de Dames qu'on ne remene jamais jusques chez elles, & je menons plus de celles-là que des autres.

LE MARQUIS.

Cela ne fait pas d'honneur à vos voitures.

LE COCHER.

Bon de l'honneur, qu'en ons-je affaire pourvû que je trouvions nôtre compte? On a morbleu biau dire, tant que j'aurons des glaces de bois, & qu'on ne varra le jour que par une lucarne, je ne manquerons pas d'être employez.

LE MARQUIS.

Ah! que tu sens le vin.

LE COCHER.

C'est que j'en ai bû.

LE MARQUIS.

N'as-tu point de honte, au lieu de t'enyvrer, ne vaudroit-il pas mieux t'acheter un habit?

LE COCHER.

Cela ne dépend pas de moy.

LE MARQUIS.

Comment donc?

LE COCHER.

Qu'un honnête homme, pour m'engager au secret, me donne quelque argent, ne dit-il pas: Tiens, mon enfant, voila pour boire?

LE MARQUIS.

Hé bien?

LE COCHER.

Je ne puis pas en conscience aller contre l'intention du fondateur, il faut que je boive d'obligation. Si vous me voulez fonder chopine par exemple....

LE MARQUIS.

De tout mon cœur, tu m'as assez diverti pour bouteille.

LE COCHER.

Grand merci, Monsieur, grand bien vous fasse.

SCENE IX.

LE MARQUIS, GABRILLON. LE COCHER.

CABRILLON.

Que fais-tu ici maroufle? tes gens attendent là-bas aprés toy, on te cherche dans tous les cabarets de la ruë.

LE COCHER.
Je vais m'y rendre afin qu'on m'y trouve.
GABRILLON.
Ma maîtresse va venir tout à l'heure, Monsieur.
LE MARQUIS.
Qu'elle tarde tant qu'il lui plaira, tiens-moy seulement compagnie, je l'attendrai sans impatience.
GABRILLON.
Vous êtes trop honnête, Monsieur.
LE MARQUIS.
Non, Dieu me damne. Je m'accommode de tout moy. Ce cocher même m'a réjoüi, & ta conversation vaut bien la sienne.
GABRILLON.
Voici Madame.

SCENE X.

Mᵉ THIBAUT, LE MARQUIS.

LE MARQUIS.
Serviteur, Madame Thibaut.
Mᵉ THIBAUT.
Monsieur, je suis vôtre tres-humble servante.
LE MARQUIS.
Sçavez-vous que le bruit de vôtre reputation a percé jusqu'à la Cour, & qu'il a penetré jusqu'à moy?
Mᵉ THIBAUT.
Qu'y a-t-il, Monsieur, pour vôtre service?
LE MARQUIS.
Vous ne le devinerez jamais.

Me THIBAUT.
Mais encore ?
LE MARQUIS.
Je viens vous prier..... Je vois qu'il faut franchir le mot, de m'aider à faire une sottise.
Me THIBAUT.
Vous me faites bien de l'honneur.
LE MARQUIS.
Quatre Marquis de mes amis, que vous avez ennôcez, m'ont mis en goût d'en faire autant. A la verité les épouses que vous leur avez données ne sont pas belles : mais mort de ma vie elles sont bonnes ; la plus gueuse a....
Me THIBAUT.
Je vous entens, vous voudriez une doüairiere peut-être ?
LE MARQUIS.
Vous l'avez dit. Souvent on a pour rien ce qu'un autre a payé bien cher. Vous me regardez ?
Me THIBAUT.
Je crois avoir l'honneur de vous connoître.
LE MARQUIS *bas*.
Cela se peut.
Me THIBAUT.
Je vous ai vû quelque part.
LE MARQUIS.
Les gens de ma qualité se voyent partout.
Me THIBAUT.
Je ne sçaurois dire où.
LE MARQUIS.
A l'armée peut-être ?
Me THIBAUT.
A l'armée, moy ?
LE MARQUIS.
C'est donc à la Cour ?

Mᵉ THIBAUT.

A la Cour ? non, je ne vais gueres en ce pays-là.

LE MARQUIS.

Ah ! j'y suis, Madame Thibaut : vous m'avez vû dans mon carosse ? il est remarquable oui, mon carosse, & je suis autant connu de tout Paris par mon équipage, qu'estimé de la Cour par mes manieres.

Mᵉ THIBAUT.

Vous avez raison, je rappelle mes idées : c'est dans vôtre carosse que je vous ai vû.

LE MARQUIS.

En avez-vous remarqué la beauté ?

Mᵉ THIBAUT.

Il n'est rien de mieux entendu.

LE MARQUIS.

Je donne toûjours dans le plus beau : j'ai des chevaux, morbleu, qui tourneroient sur la pointe d'un épée, un cocher qui a du poitrail, & pour le moins une once & demie de barbe : pour moy j'ai toûjours aimé cela. Un cocher qui remplit bien son siege, & qui a tous ses crins, donne un merveilleux relief à la surface d'un équipage.

Mᵉ THIBAUT.

Sur tout quand le reste y répond.

LE MARQUIS.

Hé mais j'ai deux grisons, un coureur & quatre autres laquais : ce ne sont pas des geans à la verité ; mais de larges bassets qui ne meublent point trop mal le derriere d'un carosse : pour le dedans, c'est moy qui l'occupe. Je ne sçai si je suis d'une tournure à faire dire que le poisson dément la coquille.

Mᵉ THIBAUT.

Bien loin de cela, vous m'avez tout l'air de

bien joüer le premier rôle d'un équipage. Voila une jolie tabatiere.

LE MARQUIS.

Il n'y a pas encore vingt-quatre heures qu'elle étoit boëte à mouche. Je l'ai prise ce matin sur la toilette d'une Duchesse, avec qui je suis en pour-parler de faveur.

M· THIBAUT.

Elle est magnifique vraiment. Mais çà voyons puis qu'il s'agit de vous marier, peut-on sçavoir, Monsieur le Marquis, à combien peut monter vôtre revenu?

LE MARQUIS.

Si mon Intendant étoit là; car nous autres gens de qualité, nous ne nous piquons gueres de sçavoir ce que nous avons de bien, cela est trop bourgeois.

M· THIBAUT.

Mais encore à peu prés?

LE MARQUIS.

Hé mais, il me reste du côté de ma mere assez considerablement de bien : mais comme mon pere m'a laissé encore plus considerablement de dettes, je ne vous ferai le détail que de mon revenu le plus liquide.

M· THIBAUT.

C'est bien dit.

LE MARQUIS.

Premierement il n'y a point d'année, quelque mauvaise qu'elle soit, que je ne touche sept à huit cent pistoles par les mains de Gautier, cela en étoffes : mais qu'est-ce que cela fait, ne faut-il pas s'habiller?

M· THIBAUT.

Sans doute.

LE MARQUIS.

De la Picarde, cela peut monter aux environs

rons de deux mille écus, sept mille francs, tantôt plus, tantôt moins.

Mᵉ THIBAUT.

En toile & en dentelles?

LE MARQUIS.

Oui, cela l'accommode & moy aussi. A-t-on jamais trop de linge?

Mᵉ THIBAUT.

Bien loin de cela.

LE MARQUIS.

Croiriez-vous qu'à Jame & à Bequet, tant en chevaux de selle que de carosse....

Mᵉ THIBAUT.

C'est-à-dire, Monsieur le Marquis, que tout vôtre revenu est en fonds de credit.

LE MARQUIS.

Fonds de terre ou fonds de credit, qu'est-ce que cela fait? ne touchai-je pas cela tous les ans?

Mᵉ THIBAUT.

C'est quasi la même chose.

LE MARQUIS.

Mais à quoy rêvez-vous tant, s'il vous plaît?

Mᵉ THIBAUT.

Je songe à vous bien assortir. Vous êtes un petit maître, & il y a de petites maîtresses en ce païs-ci. Si je vous allois donner une femme, dont le revenu fût comme le vôtre, tout en étoffes, la cuisine seroit bien mal fondée.

LE MARQUIS.

Vous avez raison. Comme j'ai grand fonds de credit moy, il faudroit pour diversifier les choses que la Dame eût grand fonds de terre.

Mᵉ THIBAUT.

Je connois une certaine veuve de marchand de marée, qui a plus de quatre cent bonnes mille livres, si vous vouliez vous en accommoder?

LA FEMME

LE MARQUIS.

Si je le veux ? quatre cent mille livres ! où loge-t-elle ? je veux qu'elle me voye dans mon carosse.

Me THIBAUT.

Elle a soixante ans, Monsieur le Marquis.

LE MARQUIS.

Vous moquez-vous, je prens garde à l'argent, & non pas aux années. Soixante ans ! la trouve jeune, & si quelque chose me chagrine, c'est qu'elle n'en ait pas quatre-vingt. Quand la peut-on voir ?

Me THIBAUT.

Je vais tout à l'heure envoyer chez elle. Passez ici demain matin, je vous rendrai réponse.

LE MARQUIS.

A demain matin soit. Serviteur, Madame Thibaut.

Me THIBAUT.

Adieu, Monsieur le Marquis.

LE MARQUIS.

Si je deviens marchand de marée, tu peux compter sur trois cent pistoles.

Me THIBAUT.

La fatigante chose que le métier dont je me mêle ! si j'étois bien seure de Cleante, je prendrois le parti d'y renoncer ; mais dans l'incertitude de pouvoir réussir dans mes affaires, il est toûjours bon de continuer à me mêler de celles de tout le monde.

Fin du troisiéme Acte.

ACTE IV.

SCENE PREMIERE.

Mᵉ THIBAUT, LE Mᵉ A CHANTER, GABRILLON.

Mᵉ THIBAUT.

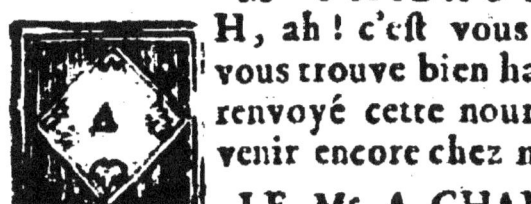H, ah! c'eſt vous, Monſieur, je vous trouve bien hardi de m'avoir renvoyé cette nourrice, & de revenir encore chez moy.

LE Mᵉ A CHANTER.

Ah! qu'un ton de colere vous ſied mal, Madame Thibaut; fy vôtre voix ne peut aller juſques-là.

Mᵉ THIBAUT.

Ecoutez, ne me faites pas prendre mon ſerieux là-deſſus, je vous prie; j'ai des amis qui...

LE Mᵉ A CHANTER.

Il ne s'agit plus de cette affaire. La nourrice eſt contente, & je vous répons que vous n'en entendrez plus parler.

Mᵉ THIBAUT.

Je ſuis bien aiſe de vous voir raiſonnable.

LE Mᵉ A CHANTER.

Je le ſuis devenu de plus d'une maniere, & je ſens tout le tort que j'avois de me vouloir broüiller avec vous.

D ij

Mᵉ THIBAUT.
Cela n'eſt rien, puiſque vous revenez de bonne foy.
LE Mᵉ A CHANTER.
Je ſuis raccommodé avec Monſieur le Commandeur; je montrerai à ſa petite marchande.
Mᵉ THIBAUT.
Vous prenez le bon parti.
LE Mᵉ A CHANTER.
Ils ſe ſont mis à la raiſon, enfin.
Mᵉ THIBAUT.
Elle apprendra de vos airs preferablement à ceux de l'Opera?
LE Mᵉ A CHANTER.
Monſieur le Commandeur eſt entré dans ce goût-là, & je dois lui faire entendre ici dés aujoud'hui un petit concert de ma compoſition, qui, à ce que je me perſuade, achevera de le déterminer. Vous voulez bien nous prêter vôtre logis?
Mᵉ THIBAUT.
Vous ſçavez bien que je ſuis toute au ſervice de Monſieur le Commandeur.
LE Mᵉ A CHANTER.
J'ai ſi fort compté là-deſſus, que j'ai déja donné ordre qu'on aportât tous les inſtrumens de muſique dont nous aurons beſoin.
Mᵉ THIBAUT.
Vous avez fort bien fait.
LE Mᵉ A CHANTER.
Vous ſerez charmée de ma muſique.
Mᵉ THIBAUT.
J'en ſuis perſuadée.
LE Mᵉ A CHANTER.
Je veux que vous en entendiez par avance un petit échantillon.

Mᵉ THIBAUT.

Je sçai ce que vous sçavez faire, il n'est pas besoin.

LE Mᵉ A CHANTER.

Parbleu, vous l'entendrez en faveur de nôtre racommodement.

Mᵉ THIBAUT.

Dépêchez-vous donc, j'ai quelques ordres à donner avant le concert.

LE Mᵉ A CHANTER *chante.*

La, la, la, la.

Quel objet charmant à mes yeux
Qu'une campagne où tout abonde !
Sur un côteau delicieux
Une vigne fertile enchante tout le monde.
L'abondance plait en tous lieux ;
Mais il n'est rien de plus fâcheux
Qu'une maitresse feconde.

Hé bien ce petit couplet, que vous en semble ?

Mᵉ THIBAUT.

Il est fort joli, vraiment.

LE Mᵉ A CHANTER.

Et fort vrai, Madame Thibaut. Vous le sçavez ; qui ne peut mais de la fecondité, en a souvent tout l'embarras.

Mᵉ THIBAUT.

Ne parlons plus de cela, je vous prie.

LE Mᵉ A CHANTER.

Jusqu'à tantôt, je ne vous dit pas adieu.

Mᵉ THIBAUT *bas.*

Je ne suis pas fâchée de son retour, & si mon mariage avec Cleante ne réüssit pas, j'ai interêt de ne point perdre mes creatures. Qu'y a-t-il, Gabrillon ?

SCENE II.

Mᵉ THIBAUT, GABRILLON.

GABRILLON.

C'Est ce jeune Officier pour cette vaisselle d'argent,

Mᵉ THIBAUT.

Si Cleante venoit par hazard, fais-le monter dans ma chambre par cet escalier dérobé. Je ne voudrois pas qu'il vît tout ce commerce.

GABRILLON.

Ne vous mettez pas en peine.

SCENE III.

Mᵉ THIBAUT, LEANDRE.

LEANDRE.

A La fin je t'amene mon pere.

Mᵉ THIBAUT.

A quoy songez-vous donc? avez-vous perdu l'esprit? vous m'envoyez de la vaisselle avec ordre de ne la vendre qu'à lui, sans m'avertir de ce qu'il faut dire.

LEANDRE.

Mon pere va venir, ma chere Madame Thibaut. Nous étions ensemble, il a rencontré son Procureur à ta porte, il cause avec lui dans son carosse.

Mᵉ THIBAUT.

Apprenez-moy donc vîte ce que c'est que cette vaisselle, d'où elle vous vient, sur quel pied il faut lui vendre, & ce que vous voulez que je fasse de l'argent.

LEANDRE.

Je vais t'en instruire en deux mots. Cette vaisselle est celle de ma mere : tu sçais bien que mon pere & elle se sont volontairement separez, parce que ma mere n'est pas bonne, & que mon pere s'est ennuyé d'être trop bon.

Mᵉ THIBAUT.

Hé vîte, vîte, finissons, je sçai tout cela.

LEANDRE.

Mais tu ne sçais pas que depuis la separation, ma mere a pris le temps que mon pere étoit à la campagne, pour faire enlever de chez lui pour sept ou huit cent pistoles de vieille vaisselle, que depuis trois jours elle a troquée pour de la neuve.

Mᵉ THIBAUT.

C'est donc une maitresse femme, à ce que je vois ?

LEANDRE.

Moy qui suis aussi separé de mon pere & de ma mere ; car il y a terriblement de separations dans nôtre famille.

Mᵉ THIBAUT.

Cela n'en est quelquefois pas plus mal.

LEANDRE.

Je n'en suis pas fâché, je te l'avouë.

Mᵉ THIBAUT.

Dépéchez-vous donc de venir au fait.

LEANDRE.

M'y voici. Irrité de l'injustice de ma mere, comme je suis de profession à sçavoir ce que c'est que le droit de represailles, j'ai pris le temps que la bonne Dame étoit au bal, j'ai en-

D iiij

levé la vaisselle neuve, je l'ai fait apporter ici.
Mon pere en veut acheter, tu vas la lui vendre,
& par ce moyen il l'aura à bon marché. La conscience de ma mere ne sera plus chargée de rien,
& j'aurai de l'argent pour faire ma Compagnie.

Mᵉ THIBAUT.

Mais si l'affaire vient à être sçûë, à quoy m'exposez-vous?

LEANDRE.

Je prens tout sur moy, ne te mets pas en peine. Il a sur lui trois cent pistoles qu'il faut toûjours prendre à bon compte.

Mᵉ THIBAUT.

Laissez-moy faire, vous pouvez compter ces trois cent pistoles dans vôtre poche.

LEANDRE.

Il en entrera quelques-unes dans la tienne. Mais voici mon pere.

SCENE IV.

DORANTE, LEANDRE, Mᵉ THIBAUT, GABRILLON.

DORANTE.

HE' bien, Monsieur le Capitaine, est-ce Madame qui me doit faire si bon marché?

Mᵉ THIBAUT.

Que vous avez là un honnête Gentilhomme de fils, mon cher Monsieur! je lui suis vraiment bien obligée de me faire l'honneur de vous amener chez moy.

DORANTE.

D'où vient vôtre connoissance, Madame?

Mr THIBAUT.

Je connois tout ce qu'il y a d'honnêtes gens, Monsieur.

DORANTE.

C'est un compere qui me dépense bien de l'argent : il est Capitaine de Dragons, & il vit comme un Colonel.

LEANDRE.

Madame Thibaut le sçait mieux qu'un autre. Voulez-vous que nous voyons la vaisselle ?

DORANTE.

Je ne viens ici que pour cela, voyons.

Mr THIBAUT.

Est-elle là-dedans ? nous y passerons si vous voulez.

DORANTE.

Tres volontiers, allons.

Mr THIBAUT *à Gabrillon.*

Demeure là toy, & amuse Cleante en cas qu'il vienne.

SCENE V.

LISETTE, GABRILLON.

LISETTE.

MA pauvre Gabrillon, ne sçais-tu point ce qu'est devenu ce petit Dragon que tu as donné à Madame ?

GABRILLON.

Non vraiment : mais c'est mon neveu. S'il a fait quelque sottise...

LISETTE.

Il a jasé mal à propos ; on lui a voulu donner le foüet, il s'en est enfui.

LA FEMME

GABRILLON.

Ah le petit coquin !

LISETTE.

Ne t'inquiete point, Madame le fera chercher.

GABRILLON.

S'il vient ici, je le remenerai par les oreilles. Mais à propos, il y a long-temps qu'on n'a fait de presens à ta maîtresse; car il y a pour le moins quinze jours que nous ne t'avons vûë.

LISETTE.

En voici un de fraîche datte.

GABRILLON.

Ah la belle garniture, Lisette !

LISETTE.

Madame Thibaut est-elle ici ?

GABRILLON.

Tu n'as qu'à me dire les intentions de ta maîtresse.

LISETTE.

Elle doit venir tantôt ici avec son mari : elle lui a fait croire que vous aviez un tres-beau bureau à vendre.

GABRILLON.

Hé bien, que faudra-t-il faire ?

LISETTE.

Hé mais comme de coûtume, montrer ces dentelles, dire qu'elles sont de hazard.

GABRILLON.

Lui viennent-elles du même Marchand dont elle a eu ces beaux habits, ce colier, ces bijoux, & cent autres choses dont nous avons fait si bon marché à son mari ?

LISETTE.

Oh vraiment non.

GABRILLON.

Elle se fournit donc à plusieurs boutiques ?

LISETTE.

Si l'on ne prenoit que chez un Marchand, on seroit souvent mal assortie.

GABRILLON.

A combien les faudra-t-il laisser?

LISETTE.

Pour huit ou dix pistoles : car vois-tu pour obliger Monsieur à les prendre...

GABRILLON.

Qu'il est heureux de trouver de ces hardes-là pour entretenir sa femme à si bon compte! Il faut assurément qu'il soit né coëffé.

LISETTE.

N'est-il pas vrai?

GABRILLON.

La bonne conduite de femme! Des dentelles de l'un, des bijoux de l'autre : comme la dépense se partage! cela ne ruïne personne, & avec le temps on ne laisse pas d'être des mieux nipées.

LISETTE.

Voici justement ton petit neveu.

SCENE VI.

LE PETIT DRAGON, LISETTE, GABRILLON.

GABRILLON.

AH, ah, petit coquin, que venez-vous faire ici? d'où vient que vous pleurez?

LE PETIT DRAGON.

Hin, hin, hin, hin.

LISETTE.

Parlerez-vous, petit garçon?

LA FEMME

LE PETIT DRAGON.
Laissez-moy là, s'il vous plaît.
GABRILLON.
A qui en a-t-il donc ?
LE PETIT DRAGON.
C'est elle, ma tante, qui me fait toûjours gronder par Madame.
GABRILLON.
Vous avez fait quelque sottise ?
LE PETIT DRAGON.
Hé bien, ne voila-t-il pas ? Elle vous a déja fait accroire que c'est moy qui ai dit a Monsieur, que Madame se faisoit descendre tous les jours de carosse dans la cour neuve du Palais, & puis qu'elle alloit trouver Monsieur le Chevalier, qui l'attendoit vis-a-vis saint Barthelemy dans un Fiacre.
LISETTE.
Entendez-vous ce petit coquin ?
LE PETIT DRAGON.
Hé bien, cela est vrai. Mais je ne l'ai pas dit, & si pourtant on me veut faire donner le foüet.
GABRILLON.
Qui, Madame ?
LE PETIT DRAGON.
Non, son petit mari.
GABRILLON.
Monsieur ?
LE PETIT DRAGON.
Non.
GABRILLON.
Qui donc ?
LE PETIT DRAGON.
Hé, ce vilain Chevalier.
LISETTE.
Ce sera fort bien fait de vous étriller un peu, pour vous apprendre à causer une autre fois,

LE PETIT DRAGON.
Hin, il s'en repentira.
LISETTE.
Qu'est-ce que vous dites?
LE PETIT DRAGON.
Il verra, il verra si je ne dis pas qu'il a mordu Madame à l'œil.
GABRILLON.
Et moy il me prend envie pour vous apprendre à parler, de vous donner le foüet ici avant que de vous remener.
LE PETIT DRAGON.
Ma bonne tante, mettez-moy autre part.
LISETTE.
Oui, il faut le mettre auprés d'une gueuse qui lui fera porter des sabots.
LE PETIT DRAGON.
Je me soucie bien où, pourvû que ce soit avec une femme qui n'ait qu'un mari.
GABRILLON.
Paix, petit coquin. Allons qu'on s'en retourne tout à l'heure, & qu'on ne me le fasse pas dire deux fois. Hé bien, ne le voila-t-il pas encore qui va pleurer?
LE PETIT DRAGON.
Monsieur dit qu'il veut que je lui dise tout ce que Madame fait, & Madame dit qu'elle ne veut pas que je lui dise.
LISETTE.
N'êtes-vous pas à Madame?
LE PETIT DRAGON.
Hé bien, qu'est-ce que cela fait?
GABRILLON.
Ce que cela fait? Il faut obéïr à Madame, & ne faire rien de tout ce que Monsieur vous commande.
LE PETIT DRAGON.
Oui-da, cela est bien aisé à dire, vraiment,

Si je n'obéïs pas à Monsieur, il me donnera le foüet, & si je lui obéïs, Madame me le donnera. Le moyen de ne pas l'avoir?

GABRILLON.

Ma pauvre Lisette, remene-le, je te prie, il nous tiendroit ici jusqu'à demain.

LISETTE.

Allons tout à l'heure au logis.

LE PETIT DRAGON.

Non là, je n'irai pas.

LISETTE.

Vous y viendrez.

LE PETIT DRAGON.

Hé bien, si vous m'y menez de force, j'irai; mais vous verrez si je ne dis pas à Madame, que toutes les fois que Picard entre dans vôtre chambre, vous m'envoyez toûjours quelque part.

GABRILLON.

Voila un méchant petit fripon.

LE PETIT DRAGON.

J'aurai le foüet, mais je vous ferai bien enrager.

LISETTE.

Je reviendrai peut-être tantôt avec Madame.

GABRILLON *seule*.

Quelle imprudence à des femmes de se faire servir par des enfans, avec leurs petits Dragons! Je m'étonne que la mode en ait tant duré. Mais que veut cette Dame? elle paroît bien effarée.

D'INTRIGUES.

SCENE VII.

MELINDE, GABRILLON, DORANTE.

MELINDE.

MA mie, ce Monsieur dont le carosse est là-bas, ne seroit-il point ici?

GABRILLON.

Je ne sçai pas, Madame. Il y a un Monsieur là-dedans.... ah! tenez le voila qui sort.

MELINDE.

Ah! Monsieur, j'allois chez vous....

DORANTE.

Ma femme dans cette maison!

MELINDE.

Mais voyant là-bas vôtre carosse....

DORANTE.

Qu'y viendroit-elle faire?

MELINDE.

J'ai fait arrêter le mien.

DORANTE.

Hé bien, Madame, qu'y a-t-il?

MELINDE.

Vôtre fils, Monsieur.... vôtre fils.

DORANTE.

Hé bien mon fils, Madame, qu'a-t-il fait?

MELINDE.

Il m'a volé cette nuit pour deux mille écus de vaisselle neuve.

DORANTE.

De vaisselle neuve! Ah le fripon! il vous l'a volée, & me l'a venduë.

MELINDE.

Vous avez ma vaisselle, Monsieur?

LA FEMME

DORANTE

Oui, Madame, j'ai là vôtre neuve, & vous m'avez pris ma vieille; & mon coquin de fils a mon argent sans doute, car je ne le vois plus. Hola quelqu'un?

GABRILLON *revenant.*

Que vous plaît-il, Monsieur?

DORANTE.

Où est mon fils?

GABRILLON.

Ce jeune Monsieur qui étoit avec vous? Le voila qui descend les montées quatre à quatre. Je ne sçai à qui il en a.

DORANTE.

Ah scelerate! On s'entend ici avec lui pour me fourber: mais je te ferai pendre, & ta maîtresse aussi, sur ma parole.

GABRILLON.

Je m'en vais l'avertir de vos bonnes intentions, Monsieur.

DORANTE.

Morbleu, Madame, voilà les fruits de vôtre belle conduite.

MELINDE.

Fort bien. Vôtre fils m'a volée, & vous vous prenez encore à moy de son déreglement.

DORANTE.

Oui, Madame, vous en êtes cause. Seroit-il à la peine de vous voler, si nous étions ensemble, comme nous devrions être? Mais le pere d'un côté, la mere de l'autre; vous me volez ma vaisselle, il vous prend la vôtre, il ne peche que par exemple.

MELINDE.

Oui, je lui ai donné l'exemple, & c'est peut-être vous qui lui avez dit de le suivre.

DORANTE.

Eh, Madame, revenez avec moy, c'est le seul

moyen de le remettre dans son devoir.

MELINDE.

Moy, Monsieur, demeurer avec vous ?

DORANTE.

Je sçai les moyens de vous y forcer quand il me plaira.

MELINDE.

Je sçai vos vûës ; de concert avec mes parens vous voulez me contraindre à retourner avec vous, ou à choisir un Convent.

DORANTE.

Assurément.

MELINDE.

Et quel parti croyez-vous que je prendrai, Monsieur ?

DORANTE.

Celui du Convent ; vôtre bizarrerie & vos travers ne me permettent pas d'en douter.

MELINDE.

Tout au contraire.

DORANTE.

Comment vous reviendrez avec moy ?

MELINDE.

Avec vous.

DORANTE.

Avec moy !

MELINDE.

Oui avec vous, avec vous ; mais pour vous faire enrager plus que jamais. Je crierai nuit & jour, je chasserai vos valets, j'engagerai vos meubles, je dechirerai vos papiers, je mettrai le feu dans vôtre logis, & peut-être je ferai pis encore. Voila sur quel pied, Monsieur, je veux retourner avec vous.

DORANTE.

Le Ciel m'en preserve ; demeurons plûtôt comme nous sommes.

MELINDE.

Non, Monsieur, j'y retournerai si vous ne me rendez ma vaisselle.

DORANTE.

Et la mienne, qui me la rendra?

MELINDE.

Si je ne l'ai pas dans deux heures, je fais porter ce soir ma toilette chez vous, & j'y couche.

DORANTE.

Ne vous en avisez pas, j'aime mieux vous renvoyer la vaisselle.

MELINDE.

Vous ferez bien : n'y manquez pas, ou vous m'aurez bientôt à vos trousses.

DORANTE *seul*.

L'esprit du Diable est-il pire que celui-là ? M'en voila pour mes trois cent pistoles. Il faut pourtant que sa coquine qui a aidé à me tromper.... ouf. La voici avec un homme d'épée ; de peur de quelque inconvenient, allons faire mes plaintes chez un Commissaire.

SCENE VIII.

Mᵉ THIBAUT, LA RAME'E.

Mᵉ THIBAUT.

QUoy, Cleante, je vous revois ! Est-il bien vrai que vous me sacrifiez ainsi vôtre fortune ?

LA RAME'E.

Vous le voyez. Tout ce que je crains, c'est que quelques parens de consequence que j'ai malheureusement à la Cour, ne cherchent à traverser la passion que j'ai pour vous. Ce coquin de valet de chambre de mon pere est un vieux domestique, espece de Pedagogue, il m'a menacé d'un certain oncle, dont je redoute la conversation : si je lui parle avant nôtre mariage, que sçait-on ? Je suis amoureux, mais je suis timide. Au nom de nôtre amour, Madame, brusquons les nôces, je vous prie, pour ne plus dire non.

Me THIBAUT.

Je veux tout ce que vous voulez : mais ne vous repentirez-vous point de ce que vous faites pour moy ?

LA RAME'E.

M'en repentir ? Si vous me connoissiez, Madame, je me donne au diable, vous n'auriez pas cette pensée.

Un porteur d'instrumens de musique paroit.

Me THIBAUT.

Que veut-on ?

LA RAME'E.

Comment saudis, c'est tout un Orchestre que cet homme a sur ses épaules.

Me THIBAUT.

Je voulois vous surprendre par un concert que je donne ici ce soir : mais vous en voyez les apprêts malgré moy. Qu'on mette ces instrumens là-dedans.

LA RAME'E.

Voulez-vous que je vous dise, Madame, vous vous amusez à la bagatelle ; ce n'est point un concert, c'est un bon contrat qu'il nous faut : vôtre Notaire est habile homme ?

Me THIBAUT.

Mon Notaire, Monsieur ? ah gardons-nous bien de lui rien dire de nos affaires ! c'est lui qui fait toutes celles de nôtre famille, &

j'ai des raisons qui m'obligent à vous épouser en secret.

LA RAME'E.

Je vous demande la même chose, point d'éclat, je vous en conjure.

SCENE IX.

Me THIBAUT, LA RAME'E, GABRILLON, UN LAQUAIS.

GABRILLON.

AH! Madame, vous êtes volée.

LA RAME'E.

Que veut-elle dire?

Me THIBAUT.

Je suis volée!

GABRILLON.

N'ont-ils rien pris ici?

Me THIBAUT.

Que m'auroit-on pris? es-tu folle?

GABRILLON.

Je ne sçai ce que c'est: mais je viens de rencontrer deux hommes qui descendent vos dégrez comme si le diable les emportoit.

LA RAME'E.

Ce sont ces bardauts d'Opera qui ont aporté le concert; ils galopent parce qu'ils s'en retournent à vuide.

GABRILLON.

A voir comme ils couroient j'aurois crû...

UN LAQUAIS.

Madame, il y a un enfant qui crie dans cette basse de viole qu'on vient d'apporter.

LA RAME'E.
Un enfant !...
GABRILLON.
Voila un instrument qui vous coûtera bien à entretenir.
Mᵉ THIBAUT *bas.*
Ah ! le traître de musicien.
LA RAME'E.
Cadedis, le concert accouche.
Mᵉ THIBAUT.
Le fourbe ! qui l'eût crû, Gabrillon ?
GABRILLON.
Que cela ne vous embarasse pas. Dés qu'il sera nuit j'ai bien la mine d'envoyer ce petit instrument-là donner une serenade à la porte d'un de nos voisins.
Mᵉ THIBAUT.
Voila à quoy le veuvage m'expose : quel affront !
LA RAME'E.
Il vous faut un mari, Madame, absolument, vous avez raison.
Mᵉ THIBAUT.
Hâtez-vous donc de le devenir, Cleante.
LA RAME'E.
Vous n'avez qu'à parler, Madame, je cours au Notaire comme au feu.
Mᵉ THIBAUT.
Prenez le premier venu, Cleante ; faites-lui dresser les articles tels qu'il vous plaira, nous remplirons des noms & des qualitez quand le contrat sera dressé.
LA RAME'E.
Ordre charmant ! Commission toute adorable ! Je vole où vos ordres m'appellent, & je reviens promptement ici proceder au reste.
Mᵉ THIBAUT.
Hé bien, Gabrillon, que dis-tu de l'insolence

de ce coquin de Maître à chanter ?
GABRILLON.
Moy, Madame ? que je lui pardonne en faveur de l'invention.
Me THIBAUT.
Je me vangerai du tour qu'il me fait.
UN LAQUAIS.
Cet homme veuf qui presse si fort pour l'agrement de cette Charge.
Me THIBAUT
Qu'on le fasse monter. Quoyque je n'aye plus gueres besoin de pratiques, il est toûjours bon d'expedier les vieilles ; quelque profession que l'on quitte, il en faut sortir avec honneur.

SCENE X.

Mr DUBOIS, Me THIBAUT, GABRILLON.

Me THIBAUT.

HE' bon jour, Monsieur Dubois, vous me paroissez bien affligé ?
Mr DUBOIS.
Je me meurs de chagrin, Madame Thibaut.
Me THIBAUT.
Hé fy donc, vous n'y songez pas, aprés six semaines de veuvage, est-il seulement permis de se souvenir de sa femme, que pour se réjoüir de n'en plus avoir ?
Mr DUBOIS.
Vous me soupçonnez de pleurer ma femme ? vous vous moquez de moy, je pense, ma douleur est bien plus raisonnable.

Mᵉ THIBAUT.

Hé qui diantre la peut causer ? tout vous rit, la Charge est à vous, je suis seure de l'agremenq

Mʳ DUBOIS.

Il n'est plus temps. Je suis ruïné, Madame Thibaut, ma petite fille vient de mourir entre mes bras, d'une convulsion qui lui a pris tout d'un coup sans apparence même de maladie.

Mᵉ THIBAUT.

Ah quel malheur ! Il faudra donc que vous rendiez le mariage de vôtre femme à sa famille ?

Mʳ DUBOIS.

Vous voyez bien qu'il n'est plus question de la Charge, & quand cette mort sera sçûë....

Mᵉ THIBAUT.

Elle ne l'est donc pas encore ?

Mʳ DUBOIS,

Il n'y avoit avec moy que la nourrice, à qui j'ai donné vingt pistoles pour l'engager à ne point parler que je n'aye mis ordre à mes affaires.

Mᵉ THIBAUT.

Cela est fort prudent. Et quel âge avoit la petite fille ?

Mʳ DUBOIS.

Cinq mois & demi.

GABRILLON.

Madame ?

Mᵉ THIBAUT.

Paix.

GABRILLON.

Voila à peu prés l'âge de nôtre basse de viole.

Mᵉ THIBAUT.

Tais-toy donc, sotte.

Mʳ DUBOIS.

Que dites-vous, Madame Thibaut ?

Me THIBAUT.
Je songe à vous rendre un bon office.
Mr DUBOIS.
Comment ?
Me THIBAUT.
Cette femme n'y consentira jamais, Gabrillon ?
GABRILLON.
Que sçait-on ?
Mr DUBOIS.
Quelle est vôtre idée ?
Me THIBAUT.
Laissez-nous faire. Elle est pauvre, mais elle aime ses enfans.
GABRILLON.
Il n'y a que le prix qu'on y voudra mettre.
Mr DUBOIS.
Mais que je sçache....
Me THIBAUT.
Elle m'a fait souvenir d'une pauvre diablesse qui demeure à deux pas d'ici. Elle a une petite fille à peu près comme étoit la vôtre, si l'on pouvoit à force d'argent.... Je ne sçai si vous m'entendez ?
Mr DUBOIS.
Si je vous entens ! en supposant cette petite fille au lieu de la mienne, je pourrois acheter la Charge ; voyez, parlez, Madame Thibaut, je sacrifierai volontiers mille écus pour cette affaire.
Me THIBAUT.
Comment mille écus ? c'est trop de la moitié. Vous autres hommes vous jettez l'argent par les fenêtres, laissez-moy menager la chose. Gabrillon, faites-moy venir ici cette femme ?
GABRILLON.
J'y vais, Madame.

M^e THI-

Mr THIBAUT.

Attendez, il vaut mieux que j'aille lui parler chez elle, & que vous ne paroissiez point dans tout cela. Pour rendre l'affaire plus secrette, il est bon qu'on ne connnoisse pas seulement vôtre visage.

Mr DUBOIS.

Que vous avez d'esprit, Madame Thibaut! Quel bon-heur, si elle vient à bout de son entreprise!

SCENE XI.

Mr DUBOIS, GABRILLON.

GABRILLON.

Elle y réüissira, je vous en répons. C'est la premiere femme de Paris pour toutes sortes d'affaires.

Mr DUBOIS.

Tu es heureuse de faire ton aprentissage sous une si habile personne.

GABRILLON.

Comme Madame est dans le goût de quitter, je vais bien-tôt me mettre en boutique.

Mr DUBOIS.

Elle doit être à son aise Madame Thibaut!

GABRILLON.

Pas tant qu'on s'imagine, Monsieur, elle a fait de grandes pertes.

Mr DUBOIS.

Comment donc?

GABRILLON.

La Justice lui a volé plus de la moitié de ses profits en amendes, en frais de Procureurs, droits de leurs clercs, préſens forcez, petites penſions involontaires à d'honnêtes perſonnes dont on a beſoin. Cela monte au bout d'une année, & ceux qui ſe donnent le plus de peine ne ſont pas ceux qui gagnent le plus.

Mr DUBOIS.

Ta maîtreſſe n'a pas lieu de ſe plaindre; elle fait ſouvent de bonnes affaires, dont tous les revenans-bons ſont pour elle.

GABRILLON.

Tout lui coûte, Monſieur, & vous ne ſçauriez croire combien de gens elle tient à ſes gages. Elle a douze Savoyards premierement.

Mr DUBOIS.

De ces froteurs?

GABRILLON.

Oui, Monſieur, ce ſont des émiſſaires admirables; ces gens-là ſçavent tous les tenans & les aboutiſſans des familles; & nous en tirons de bons ſervices. Nous avons outre cela prés de trois douzaines de filles de chambre, une trentaine de cochers, & plus de cent laquais.

Mr DUBOIS.

Voilà un grand équipage.

GABRILLON.

Nous les plaçons differemment dans les maiſons où nous voulons avoir affaire, & il faut de petits gages particuliers à ces ſortes de Meſſieurs-là.

Mr DUBOIS.

Ils les gagnent bien.

GABRILLON.

Voici Madame.

SCENE XII.

Mr DUBOIS, Me THIBAUT, GABRILLON.

Mr DUBOIS.

HE' bien, ma chere Madame Thibaut?
Me THIBAUT.
Laissez-moy un moment, je vous prie, j'ai le cœur si serré que je ne puis parler.
Mr DUBOIS.
Qu'y a-t-il donc?
Me THIBAUT.
Ce que c'est que la tendresse d'une mere.
Mr DUBOIS.
Nôtre affaire ne se fera point?
GABRILLON.
C'est une femme qui aime sa petite fille au-delà de l'imagination.
Me THIBAUT.
Ah! Gabrillon, on a beau prêcher l'interêt, la nature est toûjours la plus forte.
GABRILLON.
Cette pauvre mere, je lui sçai bon gré d'être si sensible.
Mr DUBOIS.
Mais ne lui avez-vous rien offert?
Me THIBAUT.
Pardonnez-moy vraiment; cinq cens écus d'abord, puis deux cent pistoles.
Mr DUBOIS.
Je vous avois dit d'aller jusqu'à mille écus.

F ii

Mᵉ THIBAUT.
C'est ce que j'ai fait.
Mʳ DUBOIS.
Hé bien ?
Mᵉ THIBAUT.
M'a-t-elle écoutée ?
Mʳ DUBOIS.
Ah Ciel !
Mᵉ THIBAUT.
Vous ne m'aviez point donné ordre de passer cette somme ; mais pourtant voici comme j'ai raisonné.
Mʳ DUBOIS.
Que je suis à plaindre !
Mᵉ THIBAUT.
Si Monsieur Dubois n'a cet enfant pour remplir le vuide que la petite fille défunte laisse dans sa famille, il sera obligé de rendre tout le bien de sa femme.
Mʳ DUBOIS.
Il m'en coûtera plus de dix mille écus du mien, Madame Thibaut.
Mᵉ THIBAUT.
Je m'en suis bien doutée ; aussi je n'ai point hesité d'offrir encore un sac de mille francs.
Mʳ DUBOIS.
Hé bien ?
Mᵉ THIBAUT.
Elle est sourde. Autre sac de mille francs : car voyez-vous dans une affaire de cette consequence, il n'est que d'aller vîte en besogne.
Mʳ DUBOIS.
Cinq cent pistoles !
Mᵉ THIBAUT.
Comme si je n'avois point parlé.
GABRILLON.
Voila une femme qui a bien du naturel, Monsieur.

Mr DUBOIS.
J'en suis au desespoir.
Me THIBAUT.
Ne vous desesperez point. Deux mille écus l'ont émuë, les sept mille francs l'ont ébranlée & les huit cent pistoles ont achevé de la déterminer.
Mr DUBOIS.
Huit mille francs, Madame Thibaut!
Me THIBAUT.
Dans le besoin pressant où vous en êtes, entre nous, Monsieur, c'est marché donné.
GABRILLON.
Assurément.
Me THIBAUT.
Allez vîte prendre de l'argent, il n'y a point de temps à perdre.
Mr DUBOIS.
Sans aller chez moy, Madame Thibaut, voila trois billets payables au porteur, les trois ensemble font quatre cent vingt livres plus que la somme.
Me THIBAUT.
Ah que vous êtes adroit, Monsieur Dubois, vous pretendez que pour mes épingles je me contente de ce petit surplus ; mais Gabrillon ?
Mr DUBOIS.
Voila pour elle un diamant de quinze pistoles ; mais qu'elle prenne garde....
Me THIBAUT.
Ne craignez rien, je vous répons d'elle.
GABRILLON.
Et moy je suis caution de Madame.
Me THIBAUT.
Adieu, retournez chez vous comme si de rien n'étoit, engagez la nourrice à se taire, & quand il sera nuit envoyez-moy vôtre carosse, je vous porterai l'enfant moy-même.

Mr DUBOIS.

Adieu Madame Thibaut. Je n'aurois jamais crû que des enfans fussent une si chere marchandise.

GABRILLON.

Ma foy, Madame, voila la meilleure aubaine que vous ayez jamais euë.

Mr THIBAUT.

Le Maître à chanter ne s'en seroit pas défait à si bon compte.

GABRILLON.

En faveur des huit cent pistoles, vous devriez bien lui renvoyer son étuy.

Fin du quatriéme Acte.

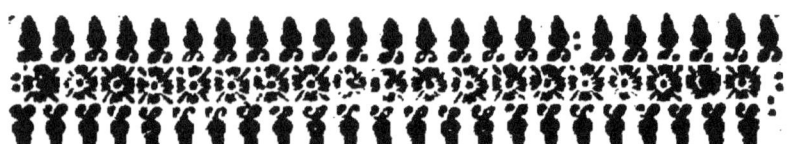

ACTE V.

SCENE PREMIERE.

LISETTE, GABRILLON.

LISETTE.

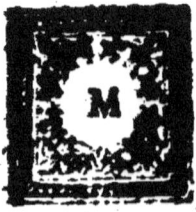

ADAME sera bientôt ici : on mettoit les chevaux au carosse quand je suis sortie du logis. Son bon homme de mari est plus amoureux d'elle qu'il ne l'a jamais été : il faut sçavoir toutes les excuses qu'il lui a faites, d'avoir crû ton petit neveu,

Enfin tous deux ensemble vont venir ici dans la meilleure intelligence du monde. Madame Thibaut est-elle avertie?

GABRILLON.

Ne te mets en peine de rien : quoiqu'elle soit à la veille d'une grosse fortune, & prête à me remettre ses pratiques, elle fera encore cette affaire pour ta maîtresse ; qu'elle vienne quand il lui plaira.

LISETTE.

Madame a besoin de ces dix pistoles pour payer cet Ingenieur qui a pratiqué cette trape dans son alcove.

GABRILLON.

Il est bien juste que ce soit le mari qui fasse ces frais-là.

LISETTE.

Assurément, ce sont des ameliorations qu'on fait à sa maison.

GABRILLON.

Voici quelqu'un.

LISETTE.

Adieu.

SCENE II.

M^r DE LA PROTASE, GABRILLON.

M^r DE LA PROTASE.

Peut-on voir Madame Thibaut?

GABRILLON.

Elle est empêchée.

M^r DE LA PROTASE.

J'aurois bien voulu lui parler.

GABRILLON.
Pour quelque habit de rencontre peut-être ?

Mr DE LA PROTASE.
Pour qui me prenez-vous ?

GABRILLON.
Monsieur...

Mr DE LA PROTASE.
Sçavez-vous que vous parlez au premier homme du monde pour le Dramatique, à un bel esprit, à un Auteur du premier ordre ?

GABRILLON.
Vous êtes un bel esprit, Monsieur ? oh je ne m'étonne plus de vous voir si deguenillé, un habit en lambeaux est le just'au-corps à brevet du Parnasse.

Mr DE LA PROTASE.
Ce que vous dites là ne sont pas des vers à la loüange de la Fortune ; neanmoins il n'est que trop vrai que c'est assez d'être bel esprit pour être mal avec elle.

GABRILLON.
Oh sur ce pied-là il faut que vous soyez plus bel esprit qu'un autre ; car il paroît qu'elle vous traite plus mal que pas un. J'ai bien vû des Auteurs : mais tout franc, je n'en ai point encore vû de si mal relié que vous.

Mr DE LA PROTASE.
Patience.

GABRILLON.
Et si à le bien prendre, il vous en devroit coûter moins qu'à qui que ce soit ; car vôtre taille ne peut passer tout au plus que pour un Indouze.

Mr DE LA PROTASE.
Laissez faire, si je puis parvenir à mettre une Piece sur le Theatre sans être sifiée, on me verra aussi bien étoffé qu'un autre.

GABRILLON.
Comment sifflée?

Mr DE LA PROTASE.
J'ai ce malheur-là, je fais les meilleures pieces du monde, elles charment tous ceux à qui je les lis: mais à peine passent-elles dans la bouche des Comediens, qu'on les sifle à faux bourdon.

GABRILLON.
Il y a de certaines pieces comme cela, que les representations gâtent. Si j'étois de vous, puisqu'elles réüssissent si bien sur le papier, je me ferois apporter un fauteüil, & je les lirois moy-même en plein Theatre.

Mr DE LA PROTASE.
J'ai un bien meilleur expedient que cela.

GABRILLON.
Qui est?

Mr DE LA PROTASE.
D'aller directement au Roy.

GABRILLON.
Au Roy!

Mr DE LA PROTASE.
Oui da, au Roy: ce n'est point son intention qu'on sifle personne, & c'est dans cette vûë-là que je viens faire un accommodement avec ta maîtresse. Elle connoît toute la Cour: voici un Placet, qu'elle le fasse presenter par qui elle voudra, & je lui promets un quart de part dans toutes les pieces qu'on joüera dorénavant de moy, où l'on ne siflera pas.

GABRILLON.
Voilà pour elle un profit tout clair. Un Placet! pourroit-on en avoir la lecture?

Mr DE LA PROTASE.
Pourquoy non? il n'est fait que pour être vû. Nous verrons, nous verrons, Messieurs du Par-

terre, si vous sifflerez à l'avenir les Auteurs & les Comediens, comme on sifle les linotes & les perroquets. PLACET AU ROY. Comme je ne puis faire pour moy, que je ne fasse en même temps pour tous les autres Poëtes mes confreres, j'ai trouvé qu'il étoit à propos d'adresser mon Placet au nom de toute la communauté, des Auteurs de Paris s'entend.

GABRILLON.

Oh c'est l'entendre.

M^r DE LA PROTASE *lit.*

AU ROY.

SIRE,

Les Auteurs modernes en Dramatique, tant en Vers qu'en Prose, de vôtre bonne Ville & Fauxbourgs de Paris, remontrent tres-humblement à Vôtre Majesté, qu'aprés avoir sacrifié leurs soins & leurs veilles aux plaisirs du public, leur zele seroit tous les jours mal reconnu par certains Quidans indiscrets, qui, de dessein premedité, se transportent journellement és lieux où lesdits Auteurs font representer leurs ouvrages, avec des apos à perdrix, des siflets de Chaudronniers, & autres armes offensives, desquelles ils chargent sans misericorde tout ce qui ose paroître d'Acteurs sur le Theatre, avec tant de fureur, que le Comedien le plus intrepide est souvent contraint de lâcher pied, & de se retirer le cœur meurtri & tout percé de coups de siflets.

GABRILLON.

Malepeste, voilà un stile bien concis.

M^r DE LA PROTASE.

Toutes mes pieces étoient écrites de cette locution-là.

GABRILLON.
Et on les sifloit ?
Mr DE LA PROTASE.
Il poursuit de lire.

Ecoutez, écoutez ceci. *Ah, SIRE, souffrirez-vous que le Theatre qui est le simbole de la joye, devienne celui de la douleur ! Je ne doute point, SIRE, que les ennemis de la science ne representent à Vôtre Majesté que nous exigeons d'Elle une chose impossible, qu'il est naturel au Parterre de sifler, comme à nous de parler. Je n'ignore pas non plus qu'eux, SIRE, que Pline le Naturaliste dans son Traité des Animaux, au Chapitre du mouvement vocal, dit que l'homme parle, que le cerf brame, que le lion rugit, que le taureau meugle, que le cheval hannit, que l'âne bray, & que le parterre sifle ; je sçai, dis-je, tout cela comme eux, SIRE : mais Vôtre Majesté fait tous les jours des choses si incroyables, que nous osons esperer .. &c.* Qu'en dis-tu ?

GABRILLON.
Oh pour le coup, voilà les sifleurs pris pour dupes, & les marchands de siflets ruinez.

Mr DE LA PROTASE.
Je le crois comme cela. Adieu, je te laisse mon Placet, fais-le voir à ta maîtresse ; si elle réüssit, & que tu sois en goût de Comedies, tu n'as qu'à te renommer à la porte de Monsieur de la Protase, mon nom est le passe-partout du Theatre.

GABRILLON.
Cela n'est pas de refus. Adieu, Monsieur de la Protase.

Mr DE LA PROTASE.
Adieu ma fille, adieu.

GABRILLON.
Ah, ah, ah, l'extravagant personnage ! ce Monsieur de la Protase-là m'a la mine de n'être pas le moins fou de la communauté.

SCENE III.

GABRILLON, ERASTE.

ERASTE.

Bon jour, ma chere Gabrillon.
GABRILLON.
Ah, ah, c'est vous, Monsieur, je vous reconnois à present. Vous voila dans vôtre naturel, je vais vous apporter une de vos écharpes.
ERASTE.
Demeure folle, où est ta maîtresse?
GABRILLON.
La voici tout à propos, comme si nous l'avions mandée.

SCENE IV.

Me THIBAUT, ERASTE, GABRILLON.

Me THIBAUT.

Quoy, c'est vous, Monsieur le Conseiller? vous voila redevenu Officier.
ERASTE.
L'habit bourgeois me portoit malheur, Madame Thibaut; je ne l'ai porté que vingt-quatre heures, il a pensé m'en coûter cher, je me suis remis dans mon centre.

Me THIBAUT.
Vous avez fort bien fait, le plumet vaut mille fois mieux que la robe.
ERASTE.
Le diable m'emporte si je le quitte. Je trouverai par ton moyen peut-être quelque femme qui n'aura point de frere.
Me THIBAUT.
Vos affaires sont en mauvais état.
ERASTE.
J'ai cent mille francs de bien, je dois dix mille écus ; faute d'un peu d'argent comptant je suis ruiné.
Me THIBAUT.
Vous comptez deux fois le fonds, & vous oubliez la moitié des dettes.
ERASTE.
Non, je ne me flate point, te dis-je ; mais avec cela je suis oberé.
Me THIBAUT.
En verité c'est grand dommage, & si vous disiez vray, je me ferois une vraye affaire d'accommoder toutes les vôtres, & de vous marier avantageusement même.
ERASTE.
Tu plaisantes peut-être, Madame Thibaut ; mais je t'aurois plus d'obligation qu'à ma famille, & je n'en serois pas ingrat, sur mon honneur.
Me THIBAUT.
Vos manieres m'ont gagné l'ame. Entrez là-dedans, faites un memoire de vôtre bien, & de vos dettes sur tout ; mais qu'il soit fidele : je me fais fort de trouver moyen de vous tirer de l'embarras où vous êtes.
ERASTE.
Tu es une femme adorable.

Mᵉ THIBAUT.

Entrez là-dedans, vous dis-je, voilà des gens qui ont affaire à moy; quand j'aurai fini avec eux, je vous en dirai davantage.

SCENE V.

Mᵉ THIBAUT, ARDALISE, ORGON, GABRILLON.

GABRILLON.

C'Est la maîtresse de Liserte, Madame.

Mᵉ THIBAUT.

Songe à m'apporter ces dentelles.

ARDALISE.

Ma pauvre Madame Thibaut, je ne sçai pas ce que je ferois sans toy. Je ne puis me lasser de te venir voir.

Mᵉ THIBAUT.

Vous me faites bien de l'honneur, Madame.

ORGON.

Il est vrai que toutes les fois qu'elle sort, c'est toûjours pour aller ou Palais, au chez Madame Thibaut. Si j'étois d'un temperament jaloux...

Mᵉ THIBAUT.

D'un temperament jaloux! fy, Monsieur, vous êtes pour cela une trop bonne pâte d'homme.

ARDALISE.

Lui? croirois-tu bien, Madame Thibaut, qu'il a eu aujourd'hui la cruauté de me mettre de mauvaise humeur?

Mᵉ THIBAUT.

Ah! quel meurtre, Monsieur,

ORGON.
Je lui en ai demandé pardon, Madame Thibaut.
Mᵉ THIBAUT.
Ah ! Madame, il n'y a rien à dire.
ARDALISE.
Vous pensez donc en être quitte ? vous sçavez la peine que je vous ai imposée.
Mᵉ THIBAUT.
Comment ?
ARDALISE.
Quand il me fâche, je le mets à l'amende, & tu profites toûjours de cet argent-là toy.
ORGON.
Elle fait de moy tout ce qu'elle veut : pour l'affaire d'aujourd'hui elle m'a taxé à lui donner un bureau. Cá voyons, ma petite femme, on t'a dit que Madame Thibaut en avoit un, n'est-ce pas ?
Mᵉ THIBAUT.
On ne me l'a point encore apporté ; je ne l'attens que dans deux jours.
ARDALISE.
Voila nos pas perdus, je suis au desespoir.
ORGON.
Ne te chagrine donc point, mignonne, tu te feras malade.
ARDALISE.
Cela vous est bien facile à dire, & vous vous croyez par-là dégagé de payer l'amende.
ORGON.
Non, je suis prêt à consigner, tu n'as qu'à vouloir.
GABRILLON *revenant*.
Madame, voilà cette garniture qu'on vous renvoye.
ARDALISE.
Qu'est-ce, Madame Thibaut ? Voyons cette garniture, elle est à vendre ?

Mᵉ THIBAUT.

Vous qui êtes un si bon mari, Monsieur, vous devriez bien acheter cela pour Madame.

ORGON.

Elle a tant de dentelles, Madame Thibaut.

Mᵉ THIBAUT.

Elle n'en a point de si belles, sur ma parole.

ORGON

Ah! fy, voila un dessein bien broüillé.

ARDALISE.

Ah! mon fils, vous n'y songez pas, il n'y a point du tout de confusion dans cet ouvrage.

ORGON.

Non, mais les fleurs sont trop détachées, elles courent trop les unes aprés les autres.

ARDALISE.

Que dites-vous? c'est ce qui en fait la beauté, & pour moy je n'ai jamais rien vû de plus agreable.

Mᵉ THIBAUT.

Vous êtes de fort bon goût, Madame.

ARDALISE.

Je ne puis me lasser de le voir.

ORGON.

Repliez, repliez cela, Madame Thibaut. Crois-moy, mignonne, rien n'use tant la vûë que de regarder fixement des dentelles.

GABRILLON.

Celle qui les a achetées est bien fâchée de ne les pouvoir porter.

ARDALISE.

Et qui l'en empêche?

GABRILLON.

Son mari est mort subitement: il n'y a que trois jours qu'il est enterré.

ARDALISE.

Ah!

ORGON.
Mignonne, comme tu cries.

ARDALISE.
Ah! mon fils, pour peu qu'une femme aime son époux, peut-elle entendre parler de la mort d'un mari, sans mourir elle-même de douleur?

ORGON.
Voila une femme qui m'aime bien, Madame Thibaut.

Mᵉ THIBAUT.
Asſurément.

ARDALISE.
Ah Ciel! que t'ont fait les maris, pour être ſujets à la mort comme les autres hommes?

ORGON.
Là, ma mie, là, je ne mourrai point, tiens, va, je te le promets.

ARDALISE.
Je ne ſçai comme vous l'entendez : mais pour moy cher petit mari, je pretens mourir la premiere.

ORGON.
Hé bien oui, ma mie, tout ce que tu voudras. Elle avoit bien affaire auſſi de lui parler de mort & d'enterrement.

Mᵉ THIBAUT.
C'eſt une ſotte qui ne ſçait pas la conſequence des choſes qu'elle dit.

GABRILLON.
Dame, qui va deviner qu'une femme aime de cette force-là?

ORGON.
Cela n'eſt pas concevable.

ARDALISE.
Je ſerois bien injuſte de ne vous pas aimer, un mari qui ne m'a jamais refuſé la moindre choſe.

ORGON.

Pour cela non, elle n'a qu'à souhaiter, Madame Thibaut.

Me THIBAUT.

A qui le dites-vous ? je le sçai mieux que personne. Voilà un habit que je lui ai vendu, par exemple, elle le trouvoit trop cher ; n'est-ce pas vous qui le lui avez fait prendre malgré elle ?

ARDALISE.

En fait-il d'autres ?

ORGON.

Je ne m'en repens point : cet habit-là lui a fait honneur.

GABRILLON.

Et à vous aussi, Monsieur.

ORGON.

Et si vous ne me l'avez fait payer que treize pistoles en treize pieces.

Me THIBAUT.

Je donne tout pour rien : ces dentelles ne sont que de dix pistoles encore.

ORGON.

Dix pistoles, mignonne, dix pistoles ! ah ! je les donne de tout mon cœur.

ARDALISE.

Non, mon petit ami : croyez-moy, n'allez point mettre là de l'argent, je vous fais faire d'ailleurs tant de dépenses inutiles.

ORGON.

Tais-toy, mignonne, c'est avoir les choses pour rien. Tenez, Madame Thibaut, voilà dix louis d'or, la passe est pour le vin du marché.

Me THIBAUT.

Vous faites trop bien les choses, Monsieur.

ORGON.

Mais à condition que vous avertirez ma petite femme quand il vous viendra de ces rencontres-là.

Mᵉ THIBAUT.

Oh, Monsieur, je n'ai garde d'y manquer. Cascaret, portez cela dans le carosse de Madame.

ARDALISE.

Au moins, mon fils, c'est sans préjudice de l'amende.

ORGON.

Quand ce bureau sera venu, que nous le sçachions au moins.

Mᵉ THIBAUT bas.

Que ferai-je de cet argent?

ARDALISE.

Tu donneras cent francs à Lisette, le reste est pour toy.

ORGON.

Allons, ma mour, allons essayer la garniture. Je meurs d'impatience de voir si cela te siera bien.

ARDALISE.

Adieu, Madame Thibaut.

SCENE VI.

Mᵉ THIBAUT, GABRILLON.

GABRILLON.

Par ma foy, voila un bon homme, & une habile femme.

Mᵉ THIBAUT.

Mais Eraste est long-temps aprés son memoire, la liste de ses dettes est un peu longue. Ah, ah! voici nôtre vieille Marchande de marée: elle veut un mari à toute force, je ne sçai pas qui voudra l'être. Va dire à Eraste qu'il se dépêche.

SCENE VII.

Mᵉ TORQUETE, Mᵉ THIBAUT.

Mᵉ TORQUETE.

Hum, hum, avez-vous songé à moy, ma chere Madame Thibaut ? vous avez tant d'affaires...

Mᵉ THIBAUT.

Si j'y ai songé, Madame Torquete ? J'ai un magazin de maris à vous offrir. Vous n'avez qu'à me dire comme il vous le faut ; car nous ne nous sommes point encore assez expliquées.

Mᵉ TORQUETE.

Comme il me le faut ? Helas ma pauvre Madame Thibaut, j'aurai beau chercher, je n'en trouverai jamais qui vaille le défunt. Hum, hum.

Mᵉ THIBAUT.

Hé, qui vous contraint d'en chercher ? voila de nos veuves ! le mari meurt à Pâques, portion de lit à loüer pour la saint Jean.

Mᵉ TORQUETE.

Comment voulez-vous que je fasse ? Si vous sçaviez le peu de cas que l'on fait d'une veuve ; j'ai des enfans qui me manquent de respect, des fermiers qui ne me payent point, des creanciers qui me persecutent : il n'y a pas jusqu'à un fripon d'Apoticaire, qui, comme je sortois de chez moy, a eu l'insolence de me donner ses parties en presence de dix personnes. Hum, hum,

Mr THIBAUT.

Voila une mauvaise toux, Madame Torquete.

Mr TORQUETE.

Je ne l'ai que par habitude.

Mr THIBAUT.

Mais vraiment cela m'étonne que vous soyez ainsi persecutée. Vous êtes si riche.

Mr TORQUETE.

J'aurai, mes comptes faits, plus de quatre cent & tant de mille livres : mais comme il n'y a que cinq semaines & trois jours que le pauvre Monsieur Torquete est défunt, nos affaires ne sont point encore reglées, mes enfans me font enrager ; & un mari, Madame Thibaut, m'est absolument necessaire. Hum, hum.

Mr THIBAUT.

Je vous entens, vous ne vous mariez simplement que pour avoir un appui.

Mr TORQUETE.

Justement.

Mr THIBAUT.

Ainsi vous ne vous souciez pas fort d'avoir un jeune homme ?

Mr TORQUETE.

Un jeune homme, ah l'horreur ! il seroit beau qu'on me prît pour la grand'mere de mon mari, comme il est arrivé à des femmes de ma connoissance !

Mr THIBAUT.

Oui, mais il ne faut pas aussi qu'il soit si vieux ? car enfin quelle protection pourriez-vous attendre d'un homme de soixante ans, par exemple ?

Mr TORQUETE.

Ah ! soixante ans, fy.

Mr THIBAUT.

Eh bien, cinquante-cinq ?

Mᵉ TORQUETE.

Mais, Madame Thibaut, vous n'y songez pas. Qui est l'homme qui songe à se marier à cet âge-là ? Hem.

Mᵉ THIBAUT.

Et un de cinquante ?

Mᵉ TORQUETE.

Quelle est la femme qui en voudroit ?

Mᵉ THIBAUT.

C'est-à-dire que vous butez à un de quarante ?

Mᵉ TORQUETE.

Voulez-vous que je vous parle à cœur ouvert ?

Mᵉ THIBAUT.

Vraiment c'est plus vôtre affaire que la mienne.

Mᵉ TORQUETE.

C'est que comme mes enfans sont jeunes, pour les tenir plus long-temps dans leur devoir, ils auroient besoin d'un beau-pere qui ne vieillît pas si-tôt.

Mᵉ THIBAUT.

Et vous dites que vous ne voulez pas d'un jeune homme ?

Mᵉ TORQUETE.

Hé mais, un homme est-il si jeune à vingt-sept ou vingt-huit ans, par exemple ? Je sçai bien ce que je fais, voyez-vous.

Mᵉ THIBAUT.

On le voit bien.

Mᵉ TORQUETE.

Plus j'aurai d'enfans de ce mariage, & plus ce sera me vanger des enfans du premier lit.

Mᵉ THIBAUT.

Vous avez du fiel, Madame Torquete, vous aimez les vangeances qui durent.

Mᵉ TORQUETE.
Ce sont des coquins que je ne sçaurois trop punir.

Mᵉ THIBAUT.
Tenez, voila peut-être l'homme de Paris le plus propre à vous vanger de vos enfans.

Mᵉ TORQUETE.
Ah! que voila bien ce qu'il me faudroit.

Mᵉ THIBAUT.
Gardez-vous bien de tousser au moins.

Mᵉ TORQUETE.
Je me retiendrai, laissez-moy faire.

SCENE VIII.

Mᵉ THIBAUT, Mᵉ TORQUETE, ERASTE.

ERASTE.
Tiens, ma chere Madame Thibaut, voila le memoire de mes dettes aussi fidele que tu me l'as demandé.

Mᵉ THIBAUT.
Paix, remettez ce papier dans vôtre poche. Voila une riche veuve que je pretens vous faire épouser.

Mᵉ TORQUETE.
Hem, hem, hem.

ERASTE.
Voila une riche veuve qui a un vilain rhume.

Mᵉ THIBAUT.
Eh tant mieux. Combien de maris voudroient que leurs femmes en eussent un semblable!

ERASTE.
Mais tu vois bien...

Mᵉ THIBAUT.

Serrez ce papier, vous dis-je, & retournez dans ma chambre, j'ai à vous parler.

Mᵉ TORQUETE.

Comme il me regarde, ma phisionomie lui revient sans doute.

Mᵉ THIBAUT *à Madame Torquete.*

Je vais sonder un peu ses sentimens, & je reviendrai dans un moment vous en rendre compte.

SCENE IX.

Mᵉ TORQUETE *seule.*

Oui, oui, faites. Ah le beau jeune homme! Il s'en faut bien, ma foy, que Monsieur Torquete ait coupé de ce sens-là. Mais qu'est-ce qui est tombé de ses poches? ne seroit-ce point quelque lettre de galanterie? Voyons un peu cela. La jeunesse est sujette à caution quelquefois.

Elle lit.

Memoire de ce que je dois.

Oh, oh, voici de quoy me rendre sçavante.

Premierement, huit cent pistoles au Chevalier Codille, pour argent du jeu.

Ah, ah! c'est donc un joüeur?

A la Touprix, pour façons de juppes & de manteaux, trois mille livres.

Oui da, je me doutois bien qu'il y avoit ici du cotillon.

A Forel, tant en bouteilles de vin, que pour des repas portez en Ville.

Il est yvrogne par dessus le marché.

A la Fresnaye...

Voyons

Voyons le total, je n'aurois jamais fait. Où donc est-il? la legende est longue.

Somme totale, vingt-neuf mille livres.

Et je voudrois après cela de ce Damoiseau? hem, hem: à quelque chose le malheur est bon, je n'ai qu'à tousser tout à mon aise.

SCENE X.

Mᵉ THIBAUT, Mᵉ TORQUETE, ERASTE.

Mᵉ THIBAUT.

Nostre affaire va le mieux du monde.

Mᵉ TORQUETE.

Hem, hem, hem.

Mᵉ THIBAUT.

Et fy donc, vous n'y songez pas.

Mᵉ TORQUETE.

Laissez-moy tousser, l'affaire est rompuë.

Mᵉ THIBAUT.

Comment donc?

ERASTE *revenant.*

Vous voilà terriblement enrhumée, Madame.

Mᵉ TORQUETE.

Vous voyez, Monsieur.

ERASTE.

Il est cruel qu'une aussi aimable personne...

Mᵉ TORQUETE.

Croyez-moy, Monsieur, ne faites point de dépense en complimens: Je ne suis point d'humeur à payer pour vous ni Forel, ni le Chevalier Codille.

Tome II. E

LA FEMME

Mᵉ THIBAUT.

En voici bien d'une autre.

ERASTE.

Que veut dire ceci ? aurois-je?..

Mᵉ TORQUETE.

Il faut vous tirer de peine, Monsieur. Tenez, voilà ce qui m'en a tant appris.

Mᵉ THIBAUT.

à Mᵉ Torquete.   *à Eraste.*

Vous joüez de bonheur. Quelle étourderie ?

ERASTE *lit.*

Du septiéme Octobre. Quatre francs pour une medecine. Vous me donnez des parties d'Apoticaire, Madame ?

Mᵉ TORQUETE.

Pardon, Monsieur, j'ai pris un papier pour l'autre.

ERASTE.

Non pas, s'il vous plaît. Vous avez vû mon memoire, je profiterai de la méprise.

Mᵉ TORQUETE.

Cela ne se fait point.

ERASTE.

Memoire des drogues & medicamens qui ont été fournis pour l'entretenement de la santé de Madame Torquete.

Mᵉ TORQUETE.

Mais Monsieur.

ERASTE.

Doucement, s'il vous plaît, Madame Torquete.

Premierement, pour avoir pendant quinze jours étudié le temperament de Madame, deux cent cinquante livres.

Oh, je ne croyois pas que les Apoticaires fissent payer leurs speculations.

Mᵉ TORQUETE.

Vous me pouſſez furieuſement, Monſieur Hem, hem.

ERASTE.

Donnez-vous patience, Madame Torquete.

Pour avoir trois fois la ſemaine pendant un an, remonté de filaſſe neuve les pompes avec quoy Madame prend ſes remedes.

Vous vous faites pomper, Madame Torquete?

Mᵉ TORQUETE.

Mort de ma vie, rendez-moy mes parties, on ne les a pas faites pour vous divertir.

ERASTE.

En donnant donnant, Madame Torquete, rendez-moy mon memoire, ce n'eſt pas pour vous que je l'ai dreſſé.

Mᵉ TORQUETE.

Le voilá, Monſieur, vôtre memoire.

ERASTE.

Et voilà vos parties, Madame.

Mᵉ TORQUETE.

Ne me parlez jamais de mariage, Madame Thibaut, m'en voila dégoutée pour toute ma vie.

Mᵉ THIBAUT.

Si Monſieur ne vous accommode pas, je vous en ferai voir d'autres.

ERASTE.

La vieille folle!

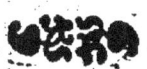

SCENE XI.

Mᶜ THIBAUT, ERASTE.

Mᶜ THIBAUT

Vous l'avez un peu trop poussée, malgré vôtre memoire les choses auroient pû se faire encore.

ERASTE.

Moy, j'aurois épousé Madame Torquete, ma pauvre Madame Thibaut ? voilà deux avantures dans le même jour qui me persuadent, & malgré le desordre de mes affaires, j'aime mieux vivre garçon mal-aisé, que d'avoir obligation à une vieille ou à une coquette. Adieu, je te laisse mon memoire, si tu peux me rendre service, je n'en serai pas méconnoissant.

SCENE XII.

Mᶜ THIBAUT, GABRILLON.

GABRILLON.

J'Attendois qu'il sortît pour laisser entrer Cleante.

Mᶜ THIBAUT.

Y a-t-il long-temps qu'il est revenu ?

GABRILLON.

Il ne fait que d'arriver, le voici.

SCENE XIII.

Mᵉ THIBAUT, LA RAME'E, GABRILLON.

LA RAME'E.

LE contrat est dressé, Madame, il ne manque plus rien à mon bonheur qu'un mot de vôtre belle main. Montons dans mon carosse, Madame, & venez le mettre ce mot precieux qui va m'assurer toute la felicité de ma vie.

M. THIBAUT

Ce moment me fait trembler, Cleante, & la presence d'un Notaire....

CASCARET.

Madame, voila un Monsieur le Commissaire qui vient vous rendre visite en robe détroussée.

Mᵉ THIBAUT

Ah juste Ciel ! que pourroit-ce être ?

LA RAME'E.

Qu'est-ce, Madame ?

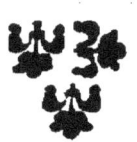

SCENE XIV.

Mᵉ THIBAUT, LE COMMISSAIRE, DORANTE, LA RAME'E, GABRILLON.

LE COMMISSAIRE.

N'Est-ce pas vous qu'on appelle Madame Thibaut, Madame?

Mᵉ THIBAUT.

Ne me perdez pas, Monsieur, je vous en conjure.

LA RAME'E.

Ceci ne prend pas un bon train.

DORANTE.

Oui, Monsieur, c'est une coquine qui a recelé de la vaisselle que mon fils a volée à sa mere.

LA RAME'E.

Messieurs, prenez garde à ce que vous faites, Madame est une femme de qualité.

DORANTE.

Point, Monsieur, mon fils m'a tout dit. C'est une malheureuse qui sous pretexte de revendre des hardes, a mille nippes à un chacun, dont elle se fait honneur, pour attraper quelque dupe.

LA RAME'E.

Comment, Madame de Bretagne, vous vous joüez à un Gascon, & à un Gascon Capitaine?

SCENE DERNIERE.

Me THIBAUT, LE COMMISSAIRE, JOLICOEUR, DORANTE. LA RAME'E.

LA RAME'E.

TU vois, mon pauvre Jolicœur, le plus infortuné de tous les hommes.

JOLICOEUR.

Comment donc ? sçais-tu déja que Cleante nôtre Capitaine est là-bas ?

LA RAME'E.

Que me dis-tu ?

JOLICOEUR.

Que te voila pris comme un sot. Le Guet à cheval est à la grande porte, & le Guet à pied à celle de derriere ; regarde par où tu veux sortir.

LA RAME'E.

Moy sortir ? quelque sot. Je m'enfonce dans l'appartement ; s'ils ont affaire de moy, qu'ils y viennent.

Me THIBAUT.

Quoy, vous n'êtes donc pas Cleante ?

LA RAME'E.

Ce ne sont plus là vos affaires. A fourbe, fourbe & demi, Madame : finissez avec ces Messieurs, je vous conseille.

Me THIBAUT.

Quelles avantures !

DORANTE.

Vous voyez bien, Monsieur, qu'on ne peut

manquer de s'assurer de cette coquine-là.

Mc THIBAUT.

Hé point de bruit, Messieurs, je vous prie, je rendrai la vaisselle & les trois cent pistoles. Passons là-dedans, vous serez contens de moy.

LE COMMISSAIRE.

Allons, Monsieur, il faut que chacun vive.

FIN.

www.ingramcontent.com/pod-product-compliance
Lightning Source LLC
Chambersburg PA
CBHW070302230526
45470CB00002B/682